카피의 격

일러두기
- 일본어 카피에 대한 이해를 돕기 위해 원문을 병기하고 글상자에 옮긴이의 설명을 추가했습니다.
- 본문 괄호 안의 설명은 옮긴이주입니다.

카피의 격

초판 1쇄 발행 2024년 4월 26일

지은이 사카모토 와카 / **옮긴이** 이미정

펴낸이 조기흠
총괄 이수동 / **책임편집** 이지은 / **기획편집** 박의성, 최진, 유지윤, 김혜성, 박소현, 전세정
마케팅 박태규, 홍태형, 임은희, 김예인, 김선영 / **제작** 박성우, 김정우
디자인 박정현

펴낸곳 한빛비즈(주) / **주소** 서울시 서대문구 연희로2길 62 4층
전화 02-325-5506 / **팩스** 02-326-1566
등록 2008년 1월 14일 제 25100-2017-000062호

ISBN 979-11-5784-735-8 13320

이 책에 대한 의견이나 오탈자 및 잘못된 내용은 출판사 홈페이지나 아래 이메일로 알려주십시오.
파본은 구매처에서 교환하실 수 있습니다. 책값은 뒤표지에 표시되어 있습니다.

⌂ hanbitbiz.com ✉ hanbitbiz@hanbit.co.kr ◻ facebook.com/hanbitbiz
Ⓝ post.naver.com/hanbit_biz ▶ youtube.com/한빛비즈 ◉ instagram.com/hanbitbiz

지금 하지 않으면 할 수 없는 일이 있습니다.
책으로 펴내고 싶은 아이디어나 원고를 메일(hanbitbiz@hanbit.co.kr)로 보내주세요.
한빛비즈는 여러분의 소중한 경험과 지식을 기다리고 있습니다.

카피의 격

**생각 90, 기술 10으로
만드는 진실한 한마디**

사카모토 와카 **지음** | 이미정 **옮김**

⊞3 한빛비즈
Hanbit Biz, Inc.

당신의 진심을
한마디로 전하자

'진짜로 하고 싶은 말은 정리가 안 된다.'

'이런 문장은 상대방에게 제대로 전달될 것 같지 않다.'

'잘 팔리는 상품명이나 강한 인상을 남기는 캐치 카피는 어떻게 생각해 낼까?'

'SNS나 메일로 하고 싶은 말을 간단하게 잘 전달하려면 어떻게 써야 할까?'

이 책을 집어 든 사람 중에는 어렴풋이 떠오르는 머릿속 생각을 좀처럼 말로 표현하기 어렵다고 생각하는 사람이 많을 것이다. 내 직업은 카피라이터다. 카피라이터는 문장을 생각하는 일을 한다. 언뜻 봤을 때는 간단해 보이고 누가 읽어도 금방 이해할 수 있을 만큼 쉬운 말을 늘어놓는 듯 보이기도 한다. 나 역시 이 직업을 처음 접했을 때는 깊게 생각하지 않아도 저 정도는 할 수 있을 것이라 믿었다. 그로부터 벌써 25년이 지났다. 그리고 내 일을 진심으로 즐기게 될 때까지는 상당히 많은 시간이 필요했다.

나는 독립하기 전 13년간 나의 스승이자 광고업계의 대가인 이치쿠라 히로시 카피라이터와 오래도록 함께 일하며 배웠다. 그리고 그의 옆에서 그가 훌륭하게 업무를 해내는 과정을 지켜봤다. 이치쿠라 카피라이터에게 오는 의뢰의 대부분은 '강렬하고 짧고 대담한 카피'였다. 말의 강렬함, 구성, 그릇의 크기 이야기다. 회의에서도 언제나 "강렬하고 의미가 깊은 카피로 부탁합니다"라는 말을 듣는다.

이치쿠라 카피라이터의 손을 거친 '포카리, 마셔야지ポカリ、のまなきゃ。*', '집에 가면, 세키스이 하우스家に帰れば、積水ハウス。**' 등은 이른바 캠페인 슬로건이라고 불리는 카피들이다.

*땀을 많이 흘리는 여름, 건조한 겨울, 각 계절에 맞춰 '포카리스웨트'로 수분을 공급하자는 메시지를 담았다. '포카리를 마시자'가 아닌 '포카리, 마셔야지'로 표현하여 체내 수분이 부족해지기 전에 미리 마시겠다고 생각하는 일본어의 말투를 사용했다.

카피에 강렬함이 필요한 이유는 시간축에 대한 내구성을 갖게 하기 때문이다. 짧은 문장으로 표현하는 이유는 CF나 포스터를 봤을 때 소비자가 단번에 이해할 수 있어야 하기 때문이다.

대담함이 필요한 이유는 무엇을 위한 광고인지 누구든 알고 납득할 수 있는 말의 그릇으로 삼기 위해서다.

대형 광고대행사에는 큰 포부를 지닌 신입 카피라이터가 늘 성장하기 위해 대기하고 있다. 그런데도 나의 스승에게 의뢰가 오는 이유는 그가 '강렬하고 짧고 대담한' 카피를 쓸 수 있기 때문이다. 나 역시 그의 제자이므로 스승의 부담을 덜어드리기 위해 열심히 카피 문구를 고민했다. 하지만 내가 쓴 문구는 항상 채택되지 못했고 이치쿠라 씨는 "자네가 쓴 카피는 너무 길어"라고 말했다. 회의에서 검토 대상에 올라가더라도 딱 거기까지일 뿐 좀처럼 빛을 보지 못했다. 다시 말하면 내가 글을 제대로 써내지 못했다는 뜻이다(웃음). 다만 늘 열심히 생각했던 과정이 매우 좋은 훈련이었다.

그 훈련은 꽤 효과가 있었던 모양인지 서서히 짧은 말로 표현할 수 있게 되었다. 내가 고안한 JR 히가시니혼(동일본 여객철도)의 캠페인 슬로건인 '가자, 동북으로行くぜ、東北。'는 2021년 캠페인이 종료될 때까지 약 10년간 사용되었으며 칼피스カルピス(일본의 유산균 음료수 브랜드)의 상품 슬로건 '몸에 피스カラダにピース。(카라다니 피스, 회사의 이름과 유사한 발음을 활용한 사례, 25장 참조)'는 현재까지 15년이 넘도록 꾸준히 사랑받고 있다.

카피라이팅은 칭찬하는 직업이다

카피라이팅의 목적은 크게 두 가지로 나뉜다. **'사고 싶거나', '좋아하게 만드는 것'** 중 하나를 만족시켜야 한다. 사고 싶다는 납득감(《트렌드 코리아》의 저자 김난도 교수의 설명을 참고한 표현이다.)을 만들어 내는 것을 뜻한다. 돈을 지불하는 것은 그 가치를 납득했기 때문에 일어나는 행위다. '좋아하게 된다'라는 말의 정의는 팬이 되어 응원하고 싶어지는 것을 말한다.

이 두 가지 미션을 전달하기 위해 나는 반드시 '칭찬 포인트'를 찾는다. '장점 찾기'라고 표현할 수 있겠다. 그것을 모르면 사고 싶거나 좋아하게 만들 포인트를 발견할 수 없기 때문이다.

부모는 '우리 애 예쁘지? 이런 것도 잘해'라며 아이를 자랑하고 싶어 한다. 하지만 제삼자에게는 지루한 내용일 때가 많다. 비슷한 일이 회의실에서도 종종 일어난다. 기업으로서는 당연히 상품이나 서비스를 마치 자식인 듯 자랑하고 싶어 한다.

문제는 기업이 말하고 싶어 하는 것을 그대로 전달했는데도 상대방에게 제대로 전달되지 않는 경우다. 그런 상황을 볼 때면 글 쓰는 사람으로서 진심으로 안타깝다.

우선은 글을 쓰는 사람이 먼저 납득하고 그 후에 정확히 전달해야 한다. 중요한 것은 '만약 내가 구매한다면?', '만약 내가 좋아하게 된다면?' 하고 생각해 보는 것이다. 판매자인 기업 쪽에도 이 부분을 집요하게 묻는다.

"당신이라면 어떤 부분이 마음에 들어서 제품을 살 것 같나요?"

"이 상품을 사면 어떤 일이 일어날까요?"

'진짜 칭찬 포인트'를 발견하여 나 자신도 '그런 것이라면 쓸 수 있을 것 같아. 이 부분을 알려주고 싶어' 하는 생각이 들 때까지 함께 의논할 수 있으면 된다. 그렇지 않으면 나중에 내가 카피를 쓸 때 매우 곤란해진다(웃음).

칭찬할 점 = 차별점 찾기

일상에서도 칭찬 포인트를 찾을 수 있다면 그것만으로도 꽤 커다란 장점이 된다. **그냥 좋다거나 굉장한 것이 아니라 '어떻게' 좋고, '무엇이' 굉장한지 설명할 수 있다면 그것이 그대로 카피라이팅 업무에 직결될 정도로 매우 가치가 있다.**

우리는 오랫동안 동질성의 가치를 중요하게 여겨 왔다. 그래서 다르다는 것만으로도 눈에 띌 뿐 아니라 나아가 '튀는 사람'이 되면 눈에 거슬린다며 눈총을 받았다. 게다가 어째서인지 다른 사람의 장점보다도 '다른 점'이나 '단점'에 먼저 눈이 간다.

비슷한 것이 좋다는 전제가 있다 보니 '다름'은 부정적으로 받아들여서 더 잘 보이는 것인지도 모른다. 하지만 광고의 세계에서 필요한 것은 정반대의 스킬이다. '똑같지 않다니, 오히려 좋아!'라고 생각해야 한다. 다른 점을 매우 긍정적인 마음으로 바라보는 것이다.

나는 '어떻게 하면 더 매력적으로 전달할 수 있을까'라는 생각으로 일하지만, 사실 요즘에는 정말로 어려운 일이다.

고도 경제 성장기는 재미있어 보이거나 시장에 아직 존재하지 않는 상품만 줄줄이 발매되었고 카피 역시 간단하게 '이번에 새로 나온 상품이에요!'라고 전달하는 것만으로 충분했다. 그러나 버블 경제가 가라앉자 시장은 이미 비슷비슷한 상품으로 가득 차버렸다.

'있어도 없어도 그만인 신상품', '몇 군데 개선해서 전보다 아주 조금 좋아진 신상품', '열심히 연구했을지는 몰라도 내용물은 거의 비슷하고 다른 회사 상품과 비슷한 상품' 등 이른바 **차별성 없는 상품**이 시장에 쏟아져나왔다. 그래서 차별점을 부각할 수 있는 부분을 전달하는 편이 빠르겠다는 생각이 들었다.

자신과 마주하면 하고 싶은 말이 저절로 들려온다

'말하고 싶은 것을 정확히 말하게 되었을 때의 자신'을 상상해 보자. 그것은 매우 행복하고, 시야가 확 트여 또렷한 느낌이 드는 상태일 것이다. 마음속 저편에 있는 가장 하고 싶은 말을 '한마디'로 말할 수 있게 되면 마음에 여유가 생긴다.

무엇을 말하고 싶은지 알면 즐거워지고, 어떻게 전달할지(예를 들면 매력이 넘치게, 멋있게, 시선을 끌 만한 포인트를 많이 등)까지 생각하게 되어 글쓰기가 단번에 즐거워진다. 그것은 상대방에게 목적을 전달하는 것이므로 문장 쓰기는 물론 면접, 업무 프레젠테이션에서도 유용하게 쓰인다.

예를 들면 '무엇을 위해 배우는가', '무엇을 위해 일하는가'와 같이 조금은 커다란 물음에 자신의 대답을 한마디로 정리하여 머릿속 서랍에 넣어두면 입사 시험이나 이직 등 인생의 중요한 전환기에서도 매우 큰 도움이 될 것이다.

의미 있는 한 문장이 행동 지침의 잣대가 되면 당신을 수식하는 한마디가 당신이라는 사람의 됨됨이까지 느끼게 할 수 있기 때문이다. 인품에 반한다는 말이 있듯 당신의 팬이 될지도 모른다.

여러 가지로 궁리한 결과 자기 삶의 한 문장으로 '모두의 얼굴에 미소를 만들어 주고 싶다'라는 한마디를 생각해 냈다고 하자. 그 한마디에 내포된 취지의 범위는 굉장히 커진다. 면접이나 프레젠테이션, 혹은 다른 회사에서도 쓸 수 있다. 정치인의 선거에도 쓸 수 있다.

잠깐, 이 책을 읽는 모든 사람이 앞의 예시 문장을 사용할 수 있을 것 같은데 그러면 개성 없이 모두 똑같지 않겠냐며 의문을 품을 수 있다. 사실은 이것이 매우 어려운 부분이다.

'스스로 생각해 내는 것'이 제일 중요하다

전달하고 싶은 것은 자기 자신일 텐데 문장이 내포하는 범위가 너무 커져버리면 자신이 안 보이게 된다. 그러면 어떻게 하면 좋을까?

중요한 것은 당신이 '정말로 생각하고 있느냐'이다. 조금도 생각하지 않는 것을 표현하는 말은 그저 자기를 잘 보이게 하려는 헛된 욕구만 담긴 거짓말이다. 구매자나 채용담당자, 프레젠테이션의 상대방까지 모두 당신의 거짓말을 간파할 것이다.

글을 쓰는 것은 자기 자신과 마주하는 것으로 매우 내적인 작업이다. 대부분의 문장은 머릿속에서 만들어지고, 매우 조용한 작업이며 생각하는 것을 힘들어하는 사람에게는 너무나 곤욕스러운 일이다. '전하고 싶은 것의 핵심'을 파악하려면 꽤 많은 시간이 걸리는데, 그 기간은 사람마다 다르다. 나도 지금은 매우 자연스럽게 마치 숨 쉬듯 문장을 쓰지만, 그게 가능해진 것은 아주 최근의 일이다. 따라서 이 책을 읽으면 누구든 바로 짧고 인상적인 문장을 쓸 수 있게 된다고는 말할 수 없지만, 이 책을 읽으면 분명 당신이 말하고 싶은 '한마디'에 대한 힌트를 얻을 수 있다고 단언하겠다.

'한마디'는 납득할 수 있고 오래도록 마음속에 남는 문장이어야 한다. 주목받을 만큼 화려한 말도 매력적이지만, 아주 잠깐 기억에 남을 정도의 한마디로는 사람의 마음을 움직이기 어렵다. 그래서 이 책은 몇 번을 다시 들어도 가슴속 깊은 곳에서 '맞아, 그래' 하며 떠올릴 한마디를 찾는 것을 목표로 한다.

사람의 마음은 움직인다. 가능하면 여러분 모두가 순간적인 것보다 차분히 깊게 음미할 수 있는 한마디를 목표로 삼았으면 좋겠다. 내가 할 수 있게 된 것을 조금이라도 많은 사람과 공유하고 싶다.

'나의 말이 짧고 정확하게 전달되도록 말하고 싶다'라고 생각한다면 **'자신만의 말로 표현하기'**로 결심하자. 시간은 다소 걸리겠지만 혼자만의 힘으로 핵심 문장을 만들어내고자 하는 의지가 중요하다. 그리고 좋은 말이 만들어지면 주위 사람에게 자꾸자꾸 보여주자. 아주 오래 고민해서 거우 생각한 그 문장은 당신과 그 말을 전하고자 하는 상대방에게 중요한 말이 될 것이다.

광고를 만드는 일은 서비스업이다.
광고를 보는 사람의 만족감이 중요하다.
더불어 클라이언트도 만족시켜야 한다.
클라이언트가 하고 싶어 하는 말과
그걸 싫어하는 소비자 사이에서
어떻게 교집합을 찾아내어 맺어줄 것인가?

- 이치쿠라 히로시 -

CONTENTS

14

제2부 **탁월한 한마디를 만드는 사고법**

제3부 **탁월한 한마디로 만드는 표현법**

17

제4부 탁월한 한마디를 완성하는 나다움

제1부

탁월한 한마디가
가장 강렬하다

1

한마디로 만들기
≠
짧은 문장 만들기

광고로 주목받는 것은 어렵다

CF, 신문 광고, 포스터 등에서 내가 카피라이터로서 전하고 있는 말의 길이는 매우 짧다. 보통 광고에 쓰이는 카피는 길이가 길면 잘 읽히지 않는 경향이 있다. TV 광고 역시 말이 길어질수록 난해해진다. TV를 보다가도 광고가 나올 때 맞춰 화장실에 가고, 동영상 시청 중나오는 광고는 'SKIP' 버튼을 눌러야 할 정도로 귀찮은 존재다. 그래서 '가장 하고 싶은 말'은 가능하면 짧은 말로 소통해야 한다.

학창 시절 휴지를 나눠주는 아르바이트를 한 적이 있는데, 사람을 '멈춰 서게 하는 일' 자체부터 굉장히 힘들었다. 무려 공짜로 나눠주고 있는데 말이다! CF, 신문 광고, 포스터는 무료로 휴지조차 나눠줄 수 없으니 사람의 눈과 귀를 '멈춰 서게' 만드는 요령이 필요하다.

지금까지 만들어 온 카피 중 가장 짧은 카피는 단 한 단어로 이루어져 있다. 바로 후지텔레비전에서 방송되는 뉴스 프로그램 타이틀인 〈It イット! 〉이다. 프로그램 이름은 입 밖으로 소리 내어 말하기 쉽고 눈에도 잘 띄며 기억하기 쉬워야 한다. 그러므로 길이가 짧은 편이 합리적이다. 그런 이유까지 고려하여 이 이름이 선정되었다.

한 단어로 '만든' 것이 아니라 한 단어가 '되었다'

시중에는 말을 효율적으로 줄이거나 문장을 잘 다듬는 방법을 알려주는 책이 차고 넘친다. 긴 문장을 짧게 정리하는 것도 좋은 방법이지만, 이 책에는 '문장을 몇 글자로 만드는 방법' 등의 내용은 쓰여 있지 않다.

나는 문장을 다듬어서 짧게 만드는 것이 아니라, 말의 핵심을 잡아 '한마디'로 만들기 때문이다. 문장 다듬는 법을 택하면 반드시 정보에 빈틈이 생긴다. 그러면 고객사로부터 "이 내용은 왜 뺐어요?"라는 말을 들을 수밖에 없다.

문장을 다듬지 말고 긴 문장을 다른 말로 바꿔보면 어떠냐고 하는 사람도 있을 것이다. 매우 날카로운 지적이다. 물론 말을 바꿔 짧게 만드는 방법도 나쁘지 않지만, 말을 바꾸면 반드시 '호불호'가 생긴다. 분명히 기업이 선호하는 표현도 있겠지만 그 부분을 논하는 것은 조금 다른 문제라고 생각한다.

보통은 그냥 **짧은 문구를 요청받으면 처음부터 짧은 말을 생각하면 된다.**

한 단어로 줄인 것이 아니라 결과적으로 '한 단어가 되었다'라고 말한 것은 그 때문이다.

짧은 말을 찾기 위해서는 문구를 쓰기에 앞서

짧게 해야 할 말(=가장 하고 싶은 말)이 무엇인지

정할 필요가 있다. 나는 회의를 진행해서 카피 작성 목적을 정한다. 회의를 통해 모두가 '가장 하고 싶은 말'을 어느 정도 파악해 두지 않으면 아무 것도 정할 수 없기 때문이다.

이 책에서는 '가장 하고 싶은 말'을 상대방에게 짧고 깊이 있게 전달하는 방식을 '탁월한 한마디 만들기'라고 칭하고, 그 사고방식과 표현법을 여러분에게 알려드리고자 한다.

'탁월한 한마디 만들기'는 브랜드명을 짓는 일이나 광고를 위한 카피를 고안하는 일 이외에도 상대방에게 호감을 얻고자 할 때 혹은 면접, 영업, 프레젠테이션 등에서 자신과 상품을 어필하는 경우나 일상 속 다양한 방면에서도 활용할 수 있다.

우선은 '자기가 가장 하고 싶은 말이 무엇인가'를 파악하는 것이 중요하다. 길게 고민하지 않고 직감으로 결정하는 습관을 들이면 감각 역시 날카로워진다. 점심 메뉴나 오늘의 코디를 떠오르는 대로 정하는 등 평소에 쉽게 시도할 수 있는 것부터 꼭 시작하길 바란다.

연습하기

고민하지 않고 직관적으로 떠오르는 것을 바로 정하는 연습을 해보자.

예1 내일의 점심 메뉴 :

예2 내일의 코디 :

2

단숨에 주목시키는 문장
만드는 법

자신과 상대방의 교집합 찾기

가장 하고 싶은 말은 상대방에게 잘 전달되도록 짧게 말해야 한다. 그러기 위해서는 제일 먼저 자신과 상대방의 '공통점'을 찾아야 한다. **상품을 팔고 싶거나 광고하고 싶은 것이 있는 경우, 팔고 싶은 상품과 타깃 시장 사이에서 교집합을 찾아야 한다.** 이 공통 항목이 없으면 타깃 독자의 관여도가 낮아져 '나와 상관없는 이야기'라며 아예 무시하게 된다.

JR 히가시니혼의 '가자, 동북으로' 캠페인은 '열차로 여행하는 동북 지역이 좋다'는 메시지를 다양한 방법으로 10년에 걸쳐 전달했다. 광

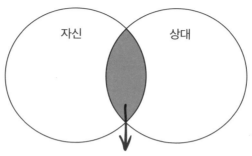

자신과 상대방의 교집합 찾기

자신 / 상대

양쪽에 '공통되는 것'을 문장으로 만들면
'그냥 지나칠 수 없는 말'이 된다!

고주인 JR 히가시니혼 쪽에 주목하면 '열차는 좋다'라는 메시지가 중요해진다. 반면 이용자 쪽에만 집중하면 '여행은 좋다'라는 관점만 강조하게 된다. 그 중간 지점의 아이디어가 '열차로 여행하는 동북은 좋다'이다. 그 생각을 한마디로 표현한 것이 '가자, 동북으로'다.

크리에이터처럼 중간 역할을 하는 사람이 할 일은 '공통 부분, 즉 같은 것을 찾아보는 것'이다. 공통 부분을 발견하려면 사물의 범위를 크게 잡고 넓은 시야에서 내려다봐야 한다. 마치 숲을 바라보는 것처럼 대상을 파악하지 않으면 보이지 않는다. 내 머릿속은 항상 **'타깃 독자 각자의 시선'과 '세상 전체를 바라보는 폭넓은 시선'**, 이 두

가지 사이를 오간다.

　JR 히가시니혼의 가장 하고 싶은 말은 '신칸센을 이용해달라'일 것이다. 하지만 그것만으로는 타깃 대상 각자의 '내가 왜 그래야 하지?'라는 궁금증을 해결하지 못한다. 일본 사회는 2011년 대지진 후 동북 지역을 걱정하는 분위기가 감돌다 연말이 되자 '부흥을 응원한다'라는 기운으로 가득 찼다.

　그런 시대적 배경을 생각하면 '동북을 여행하자東北を旅しよう。'라는 슬로건은 너무나 태평스러운 표현이었다. '동북에 가자行こう、東北。'라는 문장으로는 강력한 한방이 부족했다. 그렇게 '가자, 동북으로行くぜ、東北。*'가 탄생했다. 그 한마디로 행동이나 의지의 정도를 달리 전달할 수 있도록 설계된 말이다. 세 가지 문구의 의미는 모두 같다. 하지만 시대적 상황이 담긴 문장은 '가자, 동북으로' 뿐이다.

> ＊'行こう'가 단순히 어떤 행동을 함께하자는 청유의 의미라면 '行くぜ'는 말하는 사람의 다짐, 의지가 담겨 있는 표현이다. 특히 이 카피에서는 동북 지역을 향한 '응원'의 의미를 담아 '行くぜ'를 썼다고 한다(저자 인터뷰 중).

공통 관심사는 그대로 이름이 된다

조금 전 설명한 캠페인의 예는 이름을 지을 때도 동일하게 적용된다. 앞서 소개한 뉴스 프로그램의 이름 〈It!〉을 작업할 때는 제일 먼저 '프로그램의 지향점'에 대한 이야기로 회의를 시작했다.

알기 쉽고 친숙함이 느껴지는 프로그램명을 만들고 싶은데 이야기의 소재를 찾으려면 어떻게 해야 할까 하는 이야기가 오갔다. 뉴스이기 때문에 다루는 소재는 시청자의 삶에 깊게 관여한다.

그렇게 생각하자 '시청자가 알고 싶어 하는 이야기는 따분한 뉴스가 아니라 실용적인 정보'이며, 바로 '그것'이 시청자와 방송사가 가진 공통 관심사라는 사실을 발견할 수 있었다. 시청자는 **'그것이 궁금'**하고, 프로그램 제작팀은 **'그것을 전달'**하고 싶었을 테니 말이다.

이렇듯 공통의 관심 부분을 발견하면 의뢰자 측도 충분히 납득 가능하고 시청자에게 오래도록 사랑받는 이름이 된다. 양쪽을 연결하는 키워드, 공통점을 찾으면 자신이 전달하고 싶은 생각과 전달하려는 상대를 연결하는 말의 윤곽이 드러나기 시작한다.

주변에 있는 사물의 '공통점'을 찾아보자.

예 사과와 귤:

    1. 과일이다.

    2. 나무의 열매다.

    3. 씨앗이 있다.

          ⋮

3

나를 기억하게 하는
캐치 카피 만들기

나만을 위한 캐치 카피 수업

어린이부터 성인까지 많은 사람을 대상으로 문장 쓰기 워크숍을 진행했다. 한 초등학교에서 가르치고 있는 카피 수업(도쿄 카피라이터 클럽 주최)도 어쩌다 보니 10년 이상 이어 오고 있다.

그 학교에서는 매해 개교 기념 카피, 학예회 카피 등 다양한 강의를 진행하고 있는데, 최근 몇 년간 가장 인기가 많은 주제는 '나에게 어울리는 캐치 카피 만들기'다. 자신이 하고 싶은 말을 한마디로 만드는 연습을 하기에는 최적의 주제다. 수업은 다음과 같은 커리큘럼으로 진행된다.

[자신에게 어울리는 캐치 카피 만드는 법]

❶ 자신의 좋은 점 찾기

❷ 사진을 보고 문장 만들기

❸ 어디에서, 누구에게 쓸지, 어떻게 보이고 싶은지 상상하기

❹ 전하고 싶은 말은 '한 가지'로 정하기

❺ 다양한 표현으로 연습하기

❻ 자꾸 다른 사람에게 보여주고 표현 다듬기

이 일련의 흐름은 실제로 내가 상품 이름 짓기나 캐치 카피를 만드는 작업 순서와 거의 비슷하다.

❶은 자신만의 캐치 카피를 만들기 위해 재료를 수집하는 과정이다. 재료는 많으면 많을수록 좋으므로 자신이나 친구, 가족의 관점 등에서 생각한 것도 써보자.

❷는 생각을 깨우는 단계다. 준비 단계이므로 동물 등의 사진을 보고 어울리는 문장을 만드는 연습을 한다. 그러다 끝으로 '이번 주제는 바로 너희들이야'라고 말한다.

❸은 목적을 정리하는 것이다. 어디에서 무엇을 위해 사용할 캐치

카피인지 생각하자. 예를 들어 새롭게 상급 학교에 진학하거나 동영상으로 자기소개를 하는 경우 등이 있을 수 있다. 각각의 상황에서 '어떻게 되고 싶은지' 생각하는 연습을 하면 상상력이 부풀어 오른다.

❹는 ❶에서 수집한 여러 가지 재료 중에서 가장 알리고 싶은 것 하나를 고르는 과정이다.

❺는 표현에 대한 이야기다. 단어의 순서를 바꾸거나 다른 말로 교체하는 등 다양한 표현을 연구한다.

❻은 자기 생각이 듣는 사람에게 잘 전달되고 있는지 반복해서 확인하는 것이다.

발표에서 우열은 가리지 않는다. 아이들은 모두 만점이며, **각자 달라서 모두 좋다!**

비유법을 잘 사용한 아이, 자기 이름의 한자에서 재미있는 부분을 찾아낸 아이 등 각양각색이다. 시작할 때는 시끌벅적하지만 수업이 진행될수록 점점 아이들의 말수가 적어지다가 한 명 한 명 몰입하는 것을 발견할 수 있다. 자신에 대한 카피를 쓰는 아이들의 눈이 반짝거리기 시작한다.

자신을 알리는 한마디는 아이뿐만 아니라 어른에게도 유용하다. 나 역시 나를 알리는 캐치 카피를 20여 년 전부터 만들었고, 여전히 사용하고 있다. 형태에 따라서는 평생 쓸 수도 있다. 나만의, 나를 위한, 내가 만든 카피다.

이름을 기억하게 만드는 것은 힘들다

프로레슬러 다나하시 히로시 선수는 항상 "일본 프로레슬링 역사상 100년에 한 명 나올까 말까 한, 다나하시 히로시입니다"라고 자신을 소개한다. 자기가 만든 캐치 카피를 자기 스스로 말하는 스타일을 '일부러' 고수하고 있다는 이야기를 어디선가 들은 적이 있다.

이름 하나만으로는 인상을 남기기 쉽지 않다. 이를 위해 필요한 것이 이름을 수식하는 '한마디'다. 당신이라면 어떠한 한마디를 자신의 이름에 붙이고 싶은가.

초등학생을 대상으로 한 수업에서는 '나는 무엇을 좋아할까?', '왜 좋아할까?', '그것의 어떤 점을 알리고 싶은가?', '어떻게 알리고 싶은가?' 등 다양한 각도에서 '나 자신'을 바라보는 작업도 한다.

이 단계에서 정말로 말하고 싶은 것 '한 가지'를 정해야 한다. 그러면 가장 나다운 '한마디'가 나오게 된다. 그 한마디에는 비교 대상도 없으며 좋아하는 것을 통해 바라본 자신이기 때문에 좋고 나쁨도 없다. 결국 완성된 말은 나에게 꼭 맞춘 자신을 알리는 한마디가 된다. 세상에 단 하나뿐인 나에 대한 자부심을 보여주는 작업이다. 즉 자기긍정감을 올려주는 말이다.

인상적인 한마디로 기억에 남는 사람이 될 수 있다

프리랜서로 일을 하다 보면 '나를 떠올려줘서 감사한 마음'이 들곤 한다. 같은 업계의 많은 사람 중에서 "저 사람은 어때?"라고 물었을 때, 먼저 나의 이름이 생각나지 않으면 아무것도 시작할 수가 없다. 상대방이 나를 떠올리는 것은 어디선가 나에 대해 듣고 이름을 기억하는 것이다. 바로 이 자체가 퍼스널 브랜딩이다.

학교든 사회든 **'머리에 떠오르는 사람'**이 되라고 한다. 우선은 본인의 직장 혹은 학교부터 시작하고 그 후에는 다른 학교 학생이나 동종업계로 유명세가 퍼져나가기 때문이다.

사람들의 머릿속에 쉽게 떠오르는 사람은 기억하기에 인상적인 말을 많이 한다고 한다. '그때 재밌는 말을 했었는데, 그 사람. 이름이 뭐였더라……?' 하듯 말이다.

결국 사람들은 이름을 통해 자신을 기억해주길 바란다. SNS상의 닉네임을 비롯해 이름이라는 '한마디'를 당신은 이미 갖고 있다. 이름은 한마디가 아니라고 할 수도 있겠지만, 짧은 말이라고 받아들이면 결국 똑같다.

　나는 '업무적으로 만든 한마디'를 통해 이름이 알려지는 경우가 많은데, 여러분도 '현재의 활동이나 일'을 통해 '이름(=한마디)'을 알리는 편이 단연 빠르다. 지금 하고 있는 업무나 활동이 프로가 되는 길을 향해서 가고 있다면 이름도 함께 알려보자.

연습하기

[자신에게 어울리는 캐치 카피 만드는 법]을 참고하여 스스로의 캐치 카피를 써보자.

4

과장보다 진실한 한마디에 힘이 있다

한마디로 말하면 전달 속도가 빨라진다

내 스승인 이치쿠라 히로시가 들려준 인상적인 에피소드가 있다. 어느 날 카피라이터들이 모여 잡담하던 중 당시 굉장히 잘나가던 M이 포르쉐를 샀다는 이야기를 듣고 그중 한 명이 M에게 "포르쉐 어때요?"라고 물어봤다.

M은 뭐라고 대답했을까. 짧은 강속구 같은 카피도, 세련된 카피도 잘 만들어 냈던 M이었기에 그 자리에 있던 모두가 귀를 쫑긋 세우고 기다렸다. M은 이렇게 대답했다.

"응, 빨라."

보통은 누구나 한 번쯤 꿈꾸는 고급 외제차를 타게 되면 어떤 점이 좋은지, 얼마나 멋있는지, 온갖 지식을 늘어놓으려 할 것이다. 하지만 그는 그렇지 않았다. 단 한마디, 빠르다고만 했다. 얼마나 깔끔하고 근사한가. 그냥 말만 짧은 것이 아니다. 그 한마디는 포르쉐의 '스포츠카'라는 가치를 다시 한번 느끼게 하는 말이었다.

그런 표현을 들으면 머리를 한 대 얻어맞은 듯한 느낌이 든다. 하지만 동시에 그 속에 담긴 많은 의미를 이해하게 될 것이다. '역시 포르쉐는 멋지기만 한 것이 아니라 빠르구나! 대단하다! F1 차잖아, 빠르면 가속도 엄청나겠지?' 같은 생각을 하게 된다.

그리고 "응, 빨라"라는 대답이 너무나도 강력한 돌직구여서 발화자인 M답고 멋지다는 생각이 들었다. 지금도 이 에피소드는 나에게 매우 긍정적인 이미지로 떠오른다. 비즈니스에 대해 말한 것은 아니지만 전달되는 속도를 높이는 말의 좋은 예다. 진심으로 느낀 것 하나만을 한마디로 만들자.

말을 다루는 일을 하다 보면 간혹 그 말이 좋은지 나쁜지 판단이 필요할 때가 있다. 그때 **가장 좋은 판단의 기준은 항상 '사실 여부', '바로 납득할 수 있는 진실함'**이라고 생각한다. 예를 들면 '단 3일 만에 살이 쑥쑥!', '바르기만 해도 살이 빠져요!' 같은 카피는 이목을 집중시킬 수 있고 전달 속도도 빠르다. 하지만 듣는 사람이 금세 '말도 안 되지'라고 생각하게 된다. 청자가 진심으로 동의하게 만들면서 전달력과 표현이 참신한 것, 상품을 구매하고 좋아하게 만들 이유로 납득할 수 있는 문장일 때 처음으로 '이 카피 괜찮다' 하고 느끼게 된다.

없어도 되는 말은 필요 없다

'맞아, 그렇지' 하고 고개를 끄덕이게 만드는 문장을 만들기 위한 좋은 훈련 방법으로는 사진에 어울리는 문구를 붙여보는 것이 있다. 10년 동안 사용되었던 '가자, 동북으로' 캠페인에서는 CF 외에 포스터도 다수 제작되었다. 많을 때는 1년에 제작되는 포스터가 100점을 넘기기도 하므로 10년간 만든 포스터의 총수량은 상당할 것이다. 내가 포스터 제작에서 담당했던 일은 매우 간단하다. 사진이나 일러스트에 문구를 넣는 일이다.

제작팀의 미션은 온갖 방법을 활용해 광고를 보는 사람이 동북으로 열차 여행을 가고 싶도록 광고를 만드는 것이었다. 그 캠페인 전체를 하나로 묶은 프레임이 바로 '가자, 동북으로'였다.

포스터에 쓰인 캐치 카피는 사진에 따라 다르다. 이 경우에는 타깃 대상과 JR 히가시니혼의 공통 관심사인 '여정旅情(여행할 때 느끼게 되는 감정)'을 테마로 썼다. 여정은 타깃 대상에게도, JR 히가시니혼의 열차 여행에도 빠질 수 없다. 그 여정을 10년간 다양한 말로 표현해 사람들의 주의를 끌었다.

각 표현이 '진실'하고 '신뢰'할 수 있는 말인 것은 물론 나 자신도 여행을 가고 싶게 만드는 말, 사진이기 때문에 전할 수 있는 말, 사진 속 세계를 널리 알릴 수 있는 말을 썼다. 사진과 로고만으로도 포스터는 만들 수 있다. 없어도 되는 말은 불필요하다.

그 문구는 '진실한 말'인가, 아니면 그저 과장을 위해 '있으면 더 좋은 말'인가?

위의 질문에 답을 맞혀보는 것은 다른 사람에게 보여주기 전에 혼자서도 할 수 있다. 써낸 문구에 대해 항상 스스로 물어보면 된다.

가지고 있는 사진에 진실하고 긍정적인 한마디를 붙여보자.

예 '가자, 동북으로' 캠페인 포스터 카피

메일로는 만날 수 없어.

레일에서 만나자.

가자, 동북으로

출처: www.pressnet.or.jp/adarc/ex/ex.html?a1009

성냥팔이 소녀가 성냥을 잘 팔려면?

'성냥팔이 소녀가 성냥을 잘 팔려면 어떻게 해야 할까?' 이것은 내가 워크숍 등에서 종종 사용하는 예시다. 이 예시의 장점은 '카피가 무엇을 위해 존재하는지'를 매우 간단하게 잘 전달할 수 있다는 것이다.

카피는 '상품을 팔기 위해 존재'한다. 따로 설명이 필요 없을 정도로 잘 알려진 이 성냥팔이 소녀 이야기에는 여러분도 알다시피 슬픈 결말이 기다리고 있다. 귀를 사로잡을 단 한마디면 살릴 수 있는 생명이었는데 말이다!

광고 제작은 실제로 회사의 운명이 걸려 있기도 하여, 말 한마디에 회사의 미래가 바뀌기도 한다. 미래는 훌륭한 한마디를 통해 더욱 좋은 방향으로 바뀔 가능성이 크다. 그런 의미에서 이 성냥팔이 소녀 이야기는 카피라이팅이라는 업무의 본질을 파헤친 좋은 예다.

워크숍에서 만난 아이들에게 "너라면 성냥을 어떻게 팔겠니?" 하고 질문한 적이 있다. "지금 사면 100원에 살 수 있어요!", "이게 없으면 추워서 얼어 죽을지도 몰라요!", "다른 성냥보다 훨씬 밝아요" 등 절로 미소가 지어지는 카피들이 쏟아져 나왔다.

답은 무궁무진하다. 여러분도 우수한 영업사원처럼 더 강렬하고 성냥의 본질적인 가치를 알릴 수 있는 '한마디'를 생각해 보는 것은 어떨까?

5

'한마디로' 해야
팔린다

말하지 않아도 팔린다는 생각은 틀렸다

소비 주도층으로 떠오른 Z세대를 보고 있자면 그들이 원하는 것은 **'명확한 메시지'**뿐이라는 생각이 든다. '침묵은 금'이라는 오래된 가치관은 이제 통하지 않는다. '좋은 일을 하고 있으면 자꾸 말해야지!', '기업도 사람들에게 "좋아요"를 받으면 좋잖아' 같은 가치관으로 살아가는 Z세대에게는 '말하지 않는 것은 뭔가 말하지 못할 이유가 있기 때문 아닐까?'라는 사고방식이 존재한다. 구매 의욕도 높은 편이며 '그게 사실이면 응원하겠다'라는 의지도 있어 보인다.

지구 환경을 최우선으로 여기며 제품을 만드는 파타고니아, 'Think

different'를 슬로건으로 내건 애플, 두 곳 모두 물건을 판매하는 대의명분을 명확하게 전달하고 있으며 구매자 역시 이를 잘 이해하고 있다. 대의명분이 **정당**하고 **신뢰**할 수 있어서 그 브랜드가 선택받는 것이다.

 '어차피 써야 할 돈이면 이 상품을 사고 싶어'와 같은 마음이 생겨날 때 팬슈머가 된다. 파타고니아와 애플 모두 많은 소비자가 지지한 결과, 평범했던 기업이 다른 무엇으로도 대체 불가한 브랜드 가치를 지닌 기업이 되었다.

 상품이나 기업을 대변하는 한마디는 되도록 개인 사정보다는 꿈과 희망이 넘치며 **많은 사람과 공유할 수 있는 '신념'**이 담긴 편이 좋다. 장기적으로 사회문제까지 해결할 수 있다면 분명 그 기업을 지지하는 사람이 많아질 것이다. 만약 신념이라고 부를 만한 것이 없다면 거짓이 없는 범위 내에서 신념을 찾으면 된다.

말의 힘으로 시작되는 사업이 있다

고양이 전용 건강관리 웨어러블 '캣로그'를 개발, 판매하고 있는 주식회사 라보는 고양이의 생활을 첨단기술로 지켜보는 상품을 개발했다. 그 상품개발을 뒷받침하는 슬로건이 '모든 것은 고양이 님을 위하여'다. 회사가 '왜 그 사업을 하는지'를 단적으로 설명하고 있다. 앞서 말한 신념의 관점에서 해석하면 '모든 것은 고양이 님을 위하여 존재함을, 그곳에서 일하는 우리는 믿는다'라는 뜻일 것이다. 고양이를 키워본 적 있는 사람이라면 가슴이 뭉클해지는 한마디이지 않을까.

귀여움과 도도한 아름다움의 균형은 고양이만이 가진 매력이다. 고양이의 매력 그 자체가 '고양이 님'이라고 하는 한 단어에 집약되어 있다고 해도 과언이 아니다. 이 카피는 창업자이자 대표인 이요 유키코가 고안했는데, 나는 바로 그 부분에 주목했다.

문장을 생각하는 것은 프로 카피라이터가 아니라도 할 수 있다. 프로가 아니기 때문에 오히려 자유로운 생각이 가능하다.

새로운 사업을 시작할 때, 새롭게 투자가를 모으려 할 때, 팬슈머의 마음을 사로잡고 싶을 때, 팬슈머의 입소문을 통해 다시 새로운 팬슈머를 늘리고 싶을 때, 그곳에는 필시 새로운 문장이 있다.

말은 '사물의 특징'과 '관념'을 모두 전달하지만, 다른 사람이 바로 따라 할 수 있는 사물보다 무형의 관념에 압도적인 힘이 있다.

'모든 것은 고양이 님을 위하여'라는 관념에는 고양이를 키우며 쌓아 가는 멋진 시간과 체험까지 연결되어 있기 때문이다.

말에서 시작하는 사업이 있다. 지금은 비록 존재하지 않지만 압도적으로 매력적인 생각 한마디가 떠오르면 그 말에 연결된 다양한 관념을 사물 혹은 물질로 구현하면 된다. 그 '한마디'가 누구의 마음도 사로잡을 수 없는 말이라면 사업 자체를 다시 생각해 보는 것도 한 가지 방법일지 모른다.

연습하기

지금은 논의되고 있지 않지만, 세계를 행복하게 만들 수 있는 나만의 방법을 상상해 보자.

예1 모두가 쓰레기라고 여기는 것을 돈으로 바꾸는 방법

예2 걷기만 해도 전기가 만들어지는 방법

6

진짜 전하고
싶은 것만 남긴다

똑같지 않아서 오히려 좋다

세상에 비슷한 상품이나 서비스로 넘쳐나면 새로움이 사라진다. 그리고 좋은 부분을 발견하기 어려워지며 광고 문구도 평범해지기 쉽다. 물론 다른 방법을 찾아보면 전달할 수단은 많이 있다. 하지만 일시적으로 흥미를 유발한다 해도 본질적인 문제는 해결하지 못하는 경우가 많다. 여기서 중요한 점은 서두에서도 언급한 '똑같지 않다니, 오히려 좋아'의 시선으로 바라보는 것이다. 타 상품과 다른 부분을 적극적으로 찾아보자.

똑같지 않다, 이 부분만 잘라서 보면 부정적으로 생각하기 쉽다. 포인트는 '오히려 좋아'다. 사실 이 문구는 뭐든지 가능하다. '웃는 모습이, 좋네요'도 괜찮지만, '화난 얼굴이, 좋네요'도 자유로운 상상의 나래를 펼치는 말의 세계에서는 충분히 있을 법한 표현이다. 관심을 유도하려던 말이 상대의 마음을 사로잡는다는 장점도 생긴다. 물론 '왜 좋은지' 잘 설명할 수 있어야 한다.

무엇이든 반드시 좋은 점은 있다

어떤 대상을 바라볼 때 똑같지 않아서 좋다고 생각하는 직업인으로서의 내가 있는 반면, '똑같다니, 좋네'라고 생각하는 대중으로서의 나도 있다. 그런 의미에서 보면 똑같든 다르든 결국 어느 쪽도 나쁜 것은 아니라는 이야기가 된다.

부정적인 대상도 긍정적으로 변환하여 받아들여야 한다. 이런 사고를 반복하다 어느 순간 깨닫고 보니 나는 매우 긍정적인 사람이 되어 있었다. 물론 타고난 성향도 있겠지만, 살면서 직업을 통해 자연스럽게 배우게 된 부분도 크다.

대중은 광고라는 존재 자체를 심리적으로 쉽게 받아들이기 어려워한다. 그래서 누군가 내가 쓴 문장을 주목하고 읽어 주는 것만으로도 감사하다. 그럴수록 문장은 더 재미있게 써야 한다. 그러나 세상에는 엄청나게 많은 말이 넘쳐흐른다. 어떻게 하면 사람들의 주의를 끌게 만들 것인지 머리를 싸매고 고민하는 사람도 많겠지만, 내가 생각하기에 그건 단순한 요령을 찾으려는 것에 지나지 않는다.

　말과 문장을 만드는 목적은 '전하고 싶은 진짜 메시지를 제대로 전하는 것'에 있다. 상품도 서비스도 회사도, 더 나아가서는 당신에게도 **반드시 누군가에게 전하고 싶은 좋은 점**이 있을 테고, 그것 하나만 발견하면 목적지는 바로 코앞에 있을 수도 있다.

　똑같지 않아서 좋다는 생각은 지금이라도 당장 생활 속에 적용할 수 있다. 그리고 긍정적인 사고로 이어나가자. '똑같다는 것에 그렇게까지 가치가 있지는 않잖아?'라는 생각에 도달하면 덤으로 당신 자신이 진정한 다양성을 터득했다는 말이 된다. 근사하지 않은가?

　꼭 한번 시도해 보길 바란다.

부정적인 생각을 긍정적으로 바꿔보자.

> **예** · 화가 난 얼굴이라니, 좋네요.
> · 고집이 세다니, 의지가 강한 사람이군.
> · 혼자라니, 행동력이 좋겠어요.
> · 다들 거꾸로 행동하면 세상이 조금 달라 보일 거야.
> · 콤플렉스는 장점이 되기도 해.

나 혹은 내가 하는 일이 남과 똑같지 않아서 오히려 좋은 것들을 생활 속에서 찾아 정리해 보자.

카피의 격을 높이기 위한 to - do list - 1부

[자신에게 어울리는 캐치 카피 만들기]

❶ 자신의 좋은 점 찾기

❷ 사진을 보고 문장 만들기

❸ 어디에서, 누구에게 쓸지, 어떻게 보이고 싶은지 상상하기

❹ 전하고 싶은 말은 '한 가지'로 정하기

❺ 다양한 표현으로 연습하기

❻ 자꾸 다른 사람에게 보여주고 표현 다듬기

[부정적인 생각을 긍정적으로 바꾸기]

예 ❶ 화가 난 얼굴이라니, 좋네요.

　　❷ 고집이 세다니, 의지가 강한 사람이군.

　　❸ 혼자라니, 행동력이 좋겠어요.

　　❹ 다들 거꾸로 행동하면 세상이 조금 달라 보일 거야.

　　❺ 콤플렉스는 장점이 되기도 해.

제2부

탁월한 한마디를 만드는 사고법

7

한마디로 만들기
=
생각 90% + 기술 10%

아이디어를 구상하는 일에 더 많은 시간을 써라

상품명을 만들거나 사업의 뜻을 펼치거나 대상을 팔기 위한 말을 한마디로 구상할 때, 카피라이터는 어떻게 문장을 만들까? 나는 글 쓰는 요령보다도 '생각'을 매우 중요하게 여긴다. 절묘한 한마디를 만들기 위해서는 **90%의 생각과 10%의 기술이 필요**하다.

한마디를 찾아내기 위해서는 대부분의 시간을 '생각하는 일'에 할애한다. 2부에서는 내가 터득한 '탁월한 한마디를 만드는 사고법'에 대하여 설명하고 3부에서 기술에 해당하는 '탁월한 한마디로 표현하는 법'을 소개하고자 한다.

카피라이팅 작업은 **'과제를 해결하는 것'**이다. 의뢰받은 과제에 맞춰 상품명이나 슬로건, 판촉이나 고객 유치를 위한 캐치 카피 등을 만들고 전달한다. 이미지 전체를 진두지휘하는 크리에이티브 디렉션(디자인 기획 및 컨설팅)도 업무에 포함된다.

요즘과 옛날을 비교했을 때 의뢰 내용도 변화하고 있다는 것을 느낀다. 이전이라면 기업은 어떻게든 상품을 많이 팔고 싶으니 '아, 이 부분을 어필하고 싶어!', '조금 더 그럴듯하게 말하고 싶어!', 그러면 '뭐라고 하면 전달이 잘 될까?' 하고 문장을 표현하는 부분에 더 집중해서 협업하는 경우가 많았다. 그런데 요즘은 '많이 팔고 싶어! 하지만 뭘 말하면 좋을지 도무지 모르겠어'라고 하는 기업이 많은 듯하다.

문제 해결을 위한 콘셉트를 잡는다

무엇을 말하고 싶은지 명확하지 않을 때, 프로젝트의 콘셉트 잡기부터 시작한다. 사업의 카피를 생각하는 경우, 사업의 성장, 직면하고 있는 과제, 사람들에게 비치는 모습, 매출의 특기할 만한 변화, 지금까지의 커뮤니케이션, 만약 앞으로 아무것도 하지 않을 때의 결과 등 다양한 각도에서 현실을 파악한다.

도치기현의 지역신문인 시모쓰케 신문사는 2021년부터 지역 내 아동학대 방지 활동으로 '생명에 포옹을' 캠페인을 시작했다. 나는 이 캠페인의 기획 단계부터 관여해 왔는데, '생명에 포옹을'이나 '육아 서포터(원문 표기는 오야코 서포터, 일본어로 오야코는 부모와 자식이라는 뜻으로, 양육자를 돕는다는 캠페인의 취지에 맞게 육아 서포터라는 표현을 썼다.)'라는 네이밍을 고안했을 뿐만 아니라 이 콘셉트를 시각화하는 작업도 하고 있다.

어느 날은 '양육하고 있는 사람의 고립'을 주제로 다뤘다. 이것을 그대로 '양육은 혼자 할 수 없다', '육아 고립을 없애자'라고 호소만 해서는 아동학대 감소로 연결되지 않을 것 같았다. 이어서 **바뀌어야 하는 사람은 양육 당사자가 아니라 오히려 주위 사람 아닐까?'**라고 생각했다. 그래서 주변 사람이 양육에 협조하고 싶다는 의지를 표시할 수 있도록 '육아 서포터' 의사 표시 마크를 만들었다. 그리고 열쇠고리로 만들어 양육에 협조하고 싶은 사람들이 달게 해서 양육 중인 사람에게 부탁할 수 있는 사람이 있다는 점을 알리기로 했다.

진짜 해결해야 할 일은 주위의 무관심이 아닐까? 이왕 행동의 변화를 일으키려는 의도라면 학대를 실제로 줄일 가능성을 높여야겠다고 판단했던 것이다.

이처럼 과제를 어떻게 파악하느냐에 따라 전달 방법도 달라진다. 먼저 만약 나라면 어떻게 할 것인지 자신에게 대입하여 생각해 보자. 생각하다가 지치면 실제로 상품을 써보거나 가보거나 먹어보며 체험

하자. 할 수 있는 것은 모두 해보려는 자세가 필요하다.

연습하기

현재 우리 사회가 겪고 있는 문제를 고르고 자신의 상황에 대입하여 개선
방법을 찾아보자.

예1 아동 학대

예2 노인이 노인을 간병하는 노노(老老) 간병 문제

8

다양한 시점에서
생각해야 한다

나는 왜 아직 그것을 사지 않았는가?

탁월한 한 문장을 만들기 위해서는 상상력이 필수적이다. 뇌 안에서
영상화하여 사람들(자신도 포함)을 배치시키고 움직여야 한다. 처음
에는 자신이 주체가 되어 생각한 다음, 상품을 받는 상대방이 되어본
다. 그리고 그 가족이나 연인 등 상상 속 주인공은 무수히 많으므로
계속해서 주체를 바꾼다. 다양한 시점이 확보되면 동시에 의문점도
떠오르기 시작한다.

예를 들어 음료 카피 작업의 경우 '나라면'이라는 생각부터 시작하
여, '왜 여태껏 사본 적이 없지?', '다른 사람한테 추천한다면' 등 다양

한 시점으로 전환한다. '만약 내가 그 음료라면' 하고 상상할 때도 있다. 상품 개발자뿐만 아니라 상품이라는 **사물**을 주어로 삼고 접근하여 생각하는 것이다.

그 후에는 세상으로 시점을 바꾼다. 세상 사람이 무엇에 흥미를 갖고, 시간을 할애하는가. 세상에 있는 동일 서비스의 구매자, 시세, 유행을 크게 설정하여 파악한다. 나무를 보고 숲을 본 뒤 산을 보는 개념과 같다. 시점의 규모를 바꿔나간다고 생각하면 좋다.

주식회사 메이지의 '올리고 스마트(올리고당으로 단맛을 낸 초콜릿)'는 굉장히 좋은 상품인데도 콘셉트를 세상에 제대로 알리지 못한 것이 과제이지 않을까 하는 생각으로 파고들었다.

처음부터 알리지 않았다는 것은 알릴 필요가 없다고 여겼기 때문이었을 수도 있다. 하지만 발매한 지 시간이 꽤 지난 지금은 드러내 보이면 어떠한 일이 벌어질지 생각해 본 것이다.

올리고 스마트는 콘셉트를 언어로 시각화하는 것이 미션이었다. 그래서 '건강에 관심이 많은 요즘은 당이 악당 취급을 받고 있다. 하지만 원래 당이란 인간에게 필요한 물질이면서 장 건강에 좋은 것이구나?' 하고 생각을 발전시켜나갔다.

떠오르는 것을 바로 쓰지 않는다

생각 도중에 탁월한 한마디의 씨앗이 될 만한 말이 여기저기서 싹을 틔우려 하겠지만, 아직 쓰지 말자. **깊이 있고, 마음을 파고드는 한마디**를 원한다면 쓰지 않고 기다려야 한다. 쓰고 싶은 마음 역시 소비자에게 대상을 알리고자 하는 에너지로 바꿀 수 있기 때문이다. 쓰는 행위는 자신에게서 내보내는 행위이므로 쓰고 잊어버리는 자신의 행동에 문제가 없다고 생각할 수도 있다.

　하지만 자기 머릿속에 남겨두지 못하는 '한마디'가 다른 사람의 기억에 남을 리 없다. 실제로 바로 써버린 것에 대한 내용을 기억하기는커녕 쓴 것 자체를 잊어버릴 때도 있다.

　최종적으로 올리고 스마트는 '당을 내 편으로'라는 카피가 패키지에 들어갔다. 여섯 글자를 실제 써내는 시간은 얼마 걸리지 않았다. 한마디면 되는 말이므로 어딘가에 적어둘 필요도 없었다.

　적어두는 것도 적어두지 않는 것도 당신의 자유다. 어느 쪽이 자신에게 적합한지 잘 모르겠으면 양쪽 모두 시도해 보고 자신에게 맞는 방법에 따르면 된다. 무엇보다 **쓰고 싶다**는 생각이 중요하다. 그것은 **쓸 것이 있는 상태**이기 때문이다.

소개하려는 대상을 정하고 본인이 지금까지 그것을 소비한 혹은 소비하지
않은 이유를 적어보자.

9

들을 때는
상대방이 되어야 한다

역지사지의 자세로 들어야 한다

상품 이름이나 캐치 카피, 슬로건 등을 만들 때는 발주처와의 협의를 거쳐 결정한다. 그때 필요한 것은 '접근력'이다. 기업의 카피 업무를 맡을 때 기업과 카피라이터는 발주처-수주처 관계다. 양측을 어떻게 바라볼지는 사람마다 다르겠지만, 나는 관계성의 강약, 혹은 수직 관계는 중요하게 생각하지 않는다.

상대가 곤란해하고 있을 때 내가 할 수 있는 것은 무엇인지를 생각한다. 테이블에 둘러앉은 회의 참석자들은 작은 팀과 같다. **목표하는 바는 모두 같고 지금보다 더 나은 방향을 바라보고 있다.** 이때 중요한 것이 조금 더 다가가 상대방의 의견을 듣는 일이다.

사람에게 다가간다고 하면 여러분은 어떠한 대화가 떠오르는가? "그렇죠", "맞아요" 하고 공감을 표하는 사람도 있지만, 더욱 깊이 파고들며 다가가는 방법이 있다.

한동안 병원에 다니던 때의 일이다. 평소와는 다른 증상이 생겨 담당의에게 그 사실을 전했다. 내 증상을 들은 의사가 한 말은 "걱정이네"였다. 그 한마디에 나는 매우 놀랐다. 지금까지도 이렇게 생각날 정도다.

그 의사가 마치 **가족처럼 걱정해 주었다**는 사실은 위안이 되었다. 그는 그저 생각을 전했을 뿐일지 모르지만, 일이라고 선을 긋고 있다면 쉽게 할 수 없는 한마디였다. 그렇게까지 깊이 있는 진료를 해주는 의사는 지금까지도 본 적이 없다.

지금은 잘 알고 있지만, **다가간다**는 것은 '내 일처럼 여기는 것'이었다. 내가 회의에서 가장 신경 쓰는 부분 역시 해결해야 할 과제를 내 일처럼 여기는 것이다.

내 일처럼 생각할 수 있는가는 내가 얼마나 상대방의 입장이 되어 바라볼 수 있는지에 달려 있다. 자기 일처럼 이야기에 귀를 기울이면 많은 정보를 습득할 수 있고 대화도 수월해진다. 스펀지처럼 지식을 흡수하면서 **일을 잘하게 된 사람은 '내 일처럼 여기기'를 잘한다.**

업무로 다양한 사람을 만나왔기 때문에 확신할 수 있다. 그리고 상대를 생각하는 힘, 즉 상상력이 풍부해져 말로 표현하는 힘도 비약적으로 향상된다.

이야기를 들을 때는 '만약 내가 상대의 상황에 놓여 있다면'이라는 생각으로 집중해서 듣는다. 부탁받은 사람이 비록 자신이 아닐지라도 '내가 한다면', '만약 나라면' 하고 생각하면서 이야기를 듣는다. 그것만으로도 글쓰기에 대한 자세 자체가 달라진다.

수용하는 말로 이야기에 깊이를 더한다

나는 지금까지 업종은 물론 소속이나 입장도 다른, 실로 다양한 사람을 만나 회의를 해왔다. 그 경험에서 깨달은 점은 질 높은 회의일수록 의외로 대화가 적게 오간다는 것이다. 그 이유 중 하나는 각자 생각하는 시간이 길기 때문이다.

회의는 사전에 생각한 의견을 서로 맞추며 조율하는 자리다. 각 의견을 모두 함께 발전시켜 더 좋은 방향이나 아이디어, 해결 방안을 찾는 것이 회의의 이상적인 모습이다. 수준 높은 회의는 단순한 이야기가 아닌 대화가 존재한다는 인상을 준다. 회의를 거듭할수록 **상대의 생각이나 인간성을 더 깊게 이해**할 수 있게 된다는 의미다.

회의에서 나는 항상 상대의 생각을 수용하려고 한다. 신뢰를 쌓은

관계라면 더더욱 그 생각이 좋은지 나쁜지 평가하기보다는 우선 "알았어" 하고 받아들인다. 팀이 더 멀리 나아가기 위함이다.

"이건 어때요?"라는 제안이나 물음에 대해 우선은 "그렇군요, 알았어요" 하고 수용한다. 안 될 것 같다는 생각이 들어도 그 자리에서 언쟁은 하지 않는다. '그렇구나' 하며 상대의 의견을 존중한다. 그다음 "그건 이런 표현으로 접근하면 되겠네요"라며 언어화한다.

그렇게 해서 일어나는 일을 상대방이 상상하게끔 한다. 수준 높은 회의라면 "이렇게 하면 잘될 거야"라는 방향성 중심으로 흘러가므로 그 내용을 정리한 뒤 임팩트 있는 문구로 스케치하기도 한다.

매출 상승 등 모두가 같은 방향을 바라보며 지금보다 더 좋아지길 기대할 것이다. 제작 총책임자건 기업 관계자건 무언가로 결정됐다면 나는 온 힘을 다해 그것을 응원한다.

나의 일은 상대의 머릿속에 있는 것을 투영하여 언어로 시각화하는 것이다. 최종적인 결정은 항상 기업 쪽에서 내린다. 따라서 커뮤니케이션을 할 때 먼저 상대를 존중하면 상대방도 나를 존중한다. 존중이 반복된 결과로 대화가 생겨난다. 회의가 끝나면 항상 '좋은 회의였어'라고 생각하며 집으로 돌아가게 된다.

상대방의 입장이 되어 생각하는 것을 유념하라. 회의는 끝날 시간을 정해 두고, 1시간짜리 회의라면 10분 정도 단축하도록 노력

하자. **"그건 이렇게 접근하면 되겠다"**라고 대답하며 이야기를 들어야 한다.

이것만으로도 '핵심적인 발언'을 할 수 있게 되며, 건설적인 회의가 된다.

회의 시간이 길어지는 것은 서로 상대가 자기 말을 이해하지 못했다고 여기기 때문이다. 그럴 때 '그건~'이란 말로 부지런히 반응하면, 말하는 사람에게 '당신이 무얼 말하고 싶은지 잘 알겠어요'라는 의미도 함께 전달된다. 회의에서 '그건~' 뒤에 상대방의 말을 요약하여 대답하면 전달하고자 하는 말을 탁월한 한마디로 만드는 좋은 훈련이 된다. 비유 표현 역시 많이 나올 수밖에 없다. 종이나 보드에 쓰는 것도 좋다. 쓰자마자 글자가 시각화되어 회의 참가자의 기억에 남아 객관적으로 볼 수 있으므로 결과적으로는 대화가 순조로워지고 시간 단축으로 연결된다.

부정적인 화제도 긍정적인 표현으로 바꾼다

'그건~'의 규칙은 부정적인 단어를 쓰지 않는 것이다. 부정적인 사고에서 좋은 것이 나올 리 없다. 부정적인 단어가 나오려고 하면 긍정적인 단어로 변환하여 이야기하자.

예를 들어 "그러면 제 업무가 늘어나겠네요"가 아닌 "그러면 제 업무의 폭이 넓어지겠네요" 등으로 말이다. 그러다 업무 과부하에 걸릴 것 같으면 "곧 업무 과부하에 걸릴 것 같습니다. 주말은 쉬겠습니다" 하고 상대에게 미리 알려야 한다.

어쨌든 눈앞의 회의에 몰두하는 것은 정말 두근거리는 일이다. 좋은 해결점으로 이어지는 '한마디(아이디어)'는 긍정적인 사고를 계속할 때 나온다.

연습하기

클라이언트를 포함하여 회의 중에 나온 상대의 의견을 요약하고 그에 대한 긍정적인 대답을 적어보자.

메시지의 뿌리를 찾아야 한다

회의하다 종종 드는 생각은 막상 카피를 정하려 할 때, 모두 각각의 입장에서 '너무 많은 것을 구겨 넣으려 한다'는 것이다. 그 원인은 체면치레나 사람들의 눈을 의식하여 속내를 감추는 등 '여러 가지 사정'에 있다. 개인적인 사정도 포함된다. 누구든 사람과의 관계 속에서 일하기 때문에 아무리 노력해도 어쩔 수 없는 일이 생긴다.

각자의 사정 때문에 이것도 넣고 싶고 저것도 넣고 싶겠지만, 앞이 보이지 않을 정도로 많은 짐을 들고 선 채 앞으로 나아가는 것은 불가능하다. 제반 사정은 일단 전부 제외하고 생각해야 한다. 그러고 나서 어떻게 하는 것이 가장 좋을지부터 생각해야 한다. 프로가 모이는 회의에서는 포장된 표현이나 체면치레보다 솔직한 마음으로 진행하는 자세가 필요하다.

돌이켜 보면 예전의 나도 별 볼 일 없는 카피라이터였다. 3, 4년째 정도까지는 여러 가지 사정을 생각해 스스로 짐을 짊어지곤 했다. 항상 짧은 말로 정리하는 일이므로 우선순위를 정한 후, 덜어내야 할 정보가 무엇인지를 따지려고 했다. 그럴 때면 결과적으로 카피는 아무것도 쓰지 못한 채 아침을 맞이했다. 카피를 써도 불안했다. 만족스럽지 않았다. 기업 측 담당자가 "이 정보는 안 넣나요?" 하며 불안해하는 마음과 같았다. 어떤 표현을 없애도 되는 이유를 애초에 나 자신도 명확히 설명할 수 없었기 때문이다.

사실 항상 명확한 이유를 가지고 있는 한마디를 찾기란 쉽지 않다. 이것이 정답이다. 그렇게 생각하는 편이 훨씬 편하다. 이 문장을 써야 하는 '명확한 이유'는 대상의 끝에 있지 않다. 그러므로 뿌리를 찾아야 한다. 그러면 본질이 보인다.

　제반 사정은 잡념에 불과하므로 우선은 떨쳐버리자. 그러면 진심으로 전하고 싶은 한 문장이 보이기 시작할 것이다.

10

의지를 선언해야
한다

의도란 무엇인가?

무엇이든 의도가 있다. '무엇을 위해 그것을 하는가?'를 생각해야 한다. 포스터나 CF 영상은 '구매 욕구' 혹은 '호감'을 갖게 하려는 의도가있지만, 여기에서는 조금 스케일이 큰 **의도**를 이야기하려고 한다.

서두에도 설명했지만, '무엇을 위해 배우는가?', '무엇을 위해 일하는가?'를 각각 한마디로 표현하면 학생이나 회사원의 면접, 취업 활동에도 쓸 수 있다. 더 나아가서는 인생의 지침이 되기도 한다. 아마도 대부분은 실제 입사 지원 동기를 두고 망설이지 않고 "돈 때문인데요?"라고 답하기도 하겠지만, 그것이 나쁜 것만은 아니다. 상대에게 멋지다고 받아들여질 것인가와는 상관없이, 그 사실만으로도 괜찮다고 판단하는 것은 자신의 속마음 문제다. 만약 당신이 회사원이라면 '왜 그 물건을 판매하는지', '왜 그 회사에 근무하는지' 살펴보자. 자, 한마디로 뭐라고 표현하겠는가.

의도가 담긴 한마디는 '개인이나 개체'에만 해당하는 것이 아니다. 회사의 슬로건이면 '무엇을 위해 이 회사는 존재하는가?'에 대한 답이 된다. 물론 팀이나 친구 사이에도 공유할 수 있다. '무엇을 위해 활동하는가?', '무엇을 위한 모임인가?' 등 존재의 목적을 '한마디'로 표현하면 마음도 하나가 된다.

슬로건의 사전적 의미는 표어나 구호라고 나오지만, 더 쉽게 말하면 "아자, 아자, 아자! 파이팅!"이다. 마음에 불을 지필 수만 있다면 그것으로 충분하다.

공감이 아닌 '공명'을 추구하라

나는 업무든 워크숍이든 공감이 아닌 '공명하는 한마디'를 만들자고 이야기한다. 공감과 공명, 매우 비슷해 보이지만 두 단어는 전혀 다른 말이다. 공감은 감정의 공유다. "좋아요!" 하며 같은 생각을 하는 것이다. 한편 공명은 자신이 아닌 다른 사람의 생각이나 행동에 대해 "좋아요!"라고 하는 것을 말한다. 같은 '좋아요!'지만 기준이 다르다.

"겨울에 따뜻한 이불 속에서 먹기 좋은 건 역시 귤이죠"라고 공감성 메시지를 보냈다고 해보자. "맞아요, 역시 귤이죠"라고 생각하는 사람도 있는가 하면, "아니죠, 따뜻한 이불 속에서 아이스크림 먹는 게 최고예요"라고 생각하는 사람도 있다. 지금은 다양성의 시대다. 공감 카피를 지향한다 해도 "나는 그렇게 생각하지 않아"라고 당당하게 말하는 사람이 많은 것도 이상하지 않은 시대다.

그래서 더더욱 '공명'이 중요하다. 공명은 결국 다른 사람의 생각이나 행동을 응원하는 것이다. 그렇게 하는 모습이 멋지다고 동의하는 것이 공명이다. 다만 이때 좋고 나쁨의 기준은 세상이 아니라 발신자에게 있다.

'가자, 동북으로'라는 슬로건도 이에 해당한다. 지진 재해 후 열심히 레일을 다시 깔아 인프라를 제일 먼저 복구시킨 JR 히가시니혼은 의지가 담긴 자신들의 일을 '가자, 동북으로'라고 먼저 선언했다. 동시에 동북 지역을 여행하는 것으로 응원하고 싶다는 사람들의 생각도 '모을 수 있는' 여지가 있었다. 그렇게 문장을 설계했고, 그래서 공명을 얻은 것이다. 10년에 걸쳐 써 온 해당 캠페인의 모든 카피는 '가자, 동북으로'를 위해 존재했다. 그래서 오래도록 쓰인 것이다.

공명할 수 있는 한마디는 '여기, 여기 붙어라'라는 말이다. '가자,

동북으로'는 광고 캠페인이지만, 그 생각이 기업의 로고에 들어가면 기업 슬로건이 된다. 기업 슬로건에는 강한 의지를 느낄 수 있는 것이 많이 있다. '그렇게 하기로 정했다!'라고 기업이 선언하는 것이기 때문이다. 공명은 타깃 대상자가 **'그런 당신을 응원하기로 했어!'** 하고 마음먹는 것이다. 즉 '여기, 여기 붙어라'라는 말이므로 팬 창출로 이어지는 한마디다.

공명할 수 있는 한마디는 충성도 높은 팬을 만든다

공명되는 한마디를 갖고 있으면 다른 부분에서도 좋은 점이 많다. 내부에서 일어나는 좋은 점은 사원과 회사의 결속력이 단단해진다는 것이다. 사업이 커지면 사원 수도 많아지고 업무 내용도 세분된다. 그때 '무엇을 위해 그 일을 하는가?'를 언어로 시각화하면 업무에 혼선이 없어지며 '일=사업에서 해야 할 일'이라는 기준점이 된다.

예를 들어 메이지 홀딩스의 경우 그룹 슬로건으로 '건강에 아이디어를 더하다健康にアイデアを。*'라는 한마디를 정했다. 이 슬로건을 내걸자, 사원 한 명 한 명에게 자신이 하는 일에 대해 '건강 관련 아이디어 유무'라는 기준점이 생겼다고 한다.

산토리 홀딩스의 '물과 함께 살아가다水と生きる。＊'는 카피라이터인 후루이 도시야스가 쓴 슬로건이다. 이는 현재 직원의 행동 지표에 가까운 개념이 되었다. 한 사원이 '나 요즘 물과 함께 살고 있는 걸까' 하고 진지한 얼굴로 말했다고, 후루이에게 들은 적이 있다.

이런 슬로건이 외부에 미치는 좋은 점은 '여기, 여기 붙어라!'라고 내민 손가락에 붙은 사람은 계속해서 머무르는 현상이 일어난다는 것이다. 팬이 된다는 말이다.

사람은 일단 좋아하게 되면 웬만해서는 싫어하지 않는다. 위기에 닥쳤을 때는 도와주기도 하고 같은 편에 서기도 한다. 사고방식이나 행동 그 자체에 호감을 느끼기 때문이다. 공명은 선언, 선언은 약속을 뜻하므로 약속을 행동으로 옮기고 있는 동안에는 확실하게 지지한다. 브랜드는 그렇게 만들어진다.

공명되는 한마디는 기업이 아닌 누구라도 가질 수 있다. 우리 집 가훈은 '도착했을 때보다 아름답게'다. 외부 장소에 도착했을 때보다 나갈 때 깨끗하게 치우고 가자는 의미다. 언제나 확인하는 습관을 들이기 위해 "잠시 멈추고 둘러볼까?" 하며 서로 귀띔한다.

의지, 마음을 말로 표현해 보자. 자신들의 활동에 관한 생각을 한마디로 표현하면 SNS를 하거나 사람을 만날 때 웹사이트, 명함 등에 넣어 다양하게 쓸 수 있다. 자신의 의지를 담은 문장을 알려 사람들에게 호감을 얻는 것은 어떨까.

연습하기

어떻게 살아갈지 정하고 한마디로 표현해 보자.

예 • 욕하지 않는 내가 되자.
　　 • 사람들에게 따뜻한 사람이 되자.

11

탁월한 한마디를
찾아내기 위한 5단계

하고 싶은 말을 명확하게 전달하는 법

여기까지 읽고 나면 하고 싶은 말을 한마디로 만드는 일이 왠지 어렵다고 느껴질 수 있다. 하지만 안심해도 좋다. 아래의 5가지 단계를 밟으면 '제일 하고 싶은 말'이 명확해져 상대방에게 전하는 한마디가 정리되기 때문이다.

❶ 과제를 꼼꼼하게 살펴보며 파악한다.

❷ 어떻게 되고 싶은지 생각한다.

❸ 세상에도 도움이 되는 일인지 생각한다.

❹ 자신(혹은 사업)과 세상(전달 대상)의 공통점을 찾는다.

❺ 말로 표현하여 자신과 세상에 울림을 주는지 상상한다.

이 ❶~❺ 단계를 대형유통그룹 이온이 제공하는 전자화폐 WAON의 슬로건을 예로 살펴보자. WAON은 일본 전국 약 108만 3,000개 (2022년 10월 기준) 점포에서 쓸 수 있는 전자화폐다.

WAON이라는 이름은 당시 일본에서 아직 익숙하지 않던 전자화폐라는 서비스를 정착시키기 위해 친숙함을 주는 '강아지' 캐릭터를 설정하고, 강아지가 짖는 소리를 이미지로 만들었다. 결제할 때도 강아지 짖는 소리가 나도록 했다.

2009년 세상에 선보인 후 오랫동안 '포인트가 쌓이는 전자화폐'라는 설명문을 첨부하면서 이용자 수가 증가했지만, 시간도 꽤 지난 만큼 WAON을 다시 더 많은 대중에게 알리기 위해 슬로건을 제작해 달라는 의뢰를 받았다.

*참고: 와온 홈페이지(www.waon.net)

❶의 '과제를 꼼꼼하게 살펴보며 파악'하는 단계에서는 지금껏 왜 결과가 좋지 않았는지를 분석하는 것이 아니라 현재 해결해야 할 과제를 찾아야 한다. 회의하는 동안 '지방의 대형점에서 고령자 이용을 늘려야 한다'라는 과제가 떠올랐다. 고령자는 전자화폐가 사용 방법이 어렵고 낯설기 때문에 사용하기를 주저한다고 한다. 하지만 실제

로는 계산대에서 바로바로 결제할 수 있는 등 장점도 많아 심리적인 문턱은 높지 않은 듯했다. 이 부분에서 고령자에게도 친숙한 슬로건이 필요하다고 생각했다.

더 나은 미래를 그린다

❷ 단계의 '어떻게 되고 싶은지를 생각한다'는 것은 더 나은 미래, 만들고 싶은 미래를 생각해야 한다는 의미다. WAON의 경우, 고령자도 전자화폐를 쓰도록 유도하여 지금보다 더 간편하게 구매할 수 있는 상황을 떠올렸다.

❸ 단계의 '세상에도 도움이 되는 일인지 생각한다'에서는 ❷ 단계에서 발견한 것이 세상에 이로운지 면밀하게 검토한다. 구매하는 사람과 파는 사람만 행복한 사업은 오래가지 못한다. WAON을 사용하여 구매가 원활해지고 지역에 활기가 넘쳐 사용하지 않는 사람까지 좋은 영향을 받아 행복해져야 한다. '더 나은 세상을 만드는 것은 사회를 위한 서비스'라는 생각은 모두에게 전달되고 남겨진다.

❹ '자신(혹은 사업)과 세상(전달 대상)의 공통점을 찾는' 단계에서는 양쪽의 공통 부분, 즉 두 가지를 연결하는 말을 찾는다. 이를 위해 위에서 대상을 내려다보듯 파악할 필요가 있다.

WAON(강아지)과 세상의 공통 부분은 '즐겁다'라는 키워드였다. 고객이 즐거우면 기업도 즐겁기 때문에 즐겁다는 말 자체가 자신들과 같다는 것이 기업 측의 생각이었다. 일반적으로 생각했을 때 강아지가 즐거워하는 모습에는 위화감이 없으며, 사업자인 이온은 WAON의 캐릭터이기도 한 강아지 일러스트를 적극적으로 사용하고 있었다. 그리고 사용자도 즐거운 것을 좋아한다. 이온에서 구매해서 즐거운 이유는 '싸다, 상품의 종류가 많다' 등 일일이 셀 수 없을 정도다.

❺ '말로 표현하여 자신과 대상에게 울림을 주는지 상상한다'라는 단계는 대략적인 확인 작업이다. WAON의 과제는 그동안 고령자의 이용이 저조했다는 것이었다. WAON과 타깃 대상을 연결하는 말로 즐겁다는 가치를 전하면 어떨까 생각했다. '사람이 즐겁다는 것은 WAON의 (이온 그 자체에 가까운) 본질적인 가치이지 않을까?', '지금까지는 표현하지 않은 말이잖아. 이것을 전달하면 어떨까?' 등을 생각하며 확인한다. WAON의 본질적인 가치는 '즐거운 게 좋다', '사람이 즐거운 일을 한다(혹은 하고 싶다)'라는 사실은 확인됐다. 그렇게 상품 가치를 언어화하면 모두가 납득할 수 있다.

이제부터는 프로의 표현 영역이다. 본질적인 가치를 있는 그대로 전달하면 잘 팔리는 물건이 될 수 없다. '즐거운 게 좋다'라는 문장은 특별한 것이 없기 때문이다. 거기서 WAON의 재산이자 정체성이기도 한 '결제음(멍멍 소리)'을 조합했다. WAON이라는 강아지 캐릭터의 멍멍 소리를 고객의 소리와 같다고 받아들여 '즐거운 소리'로 표현한 것이 크리에이티브다. 최종적으로 WAON의 슬로건은 '즐거운 소리가 난다'가 되었다.

좋아하는 것을 직업으로 만들고 싶다면?

탁월한 한마디를 만드는 작업은 직업 선택에도 적용할 수 있다. **좋아하는 것을 일로 삼아야 한다는** 사고방식이 한때 유행한 적이 있다. 하지만 사실 10대 아이들에게는 그 말이 **스트레스가 되었다.** '좋아하는 것을 일로 삼는다'라는 말을 그대로 받아들여 행동으로 옮겨도 생각만큼 잘되지 않는다는 것을 아이들 나름대로 이미 알고 있었기 때문일 것이다.

케이크를 좋아하니까 빵집을 차리겠다는 진취적인 마음도 중요하지만 조금 좋아하는 정도로는 의욕이 길게 이어지지 않는다. 순수한 아이일수록 그 마음 그대로 행동으로 옮기겠지만, 실상은 생각했던 것과는 다르다며 상처받기 쉽다.

이것은 좋아하는 것이 무엇인지 똑바로 바라보지 않았기 때문에 일어나는 일이다. 좋아하는 것을 과제로 삼아 깊이 파고들어야 한다.

케이크의 아름다움을 좋아하는지, 케이크 먹는 것을 좋아하는지, 손님이 행복해하는 모습 때문에 케이크를 팔고 싶은지, 특정 케이크 가게를 동경하는 마음 때문인지 다양한 방면으로 살펴보자.

만드는 일이 좋으면 파티시에, 아름다운 케이크의 디자인을 좋아하면 나아갈 방향은 디자이너일지도 모른다. 케이크를 먹는 것을 좋아하면 식품 제조회사에서 상품을 개발하는 길도 있다. 판매한 케이크로 상대방이 미소 짓는 모습을 좋아한다면 영업도 잘 맞는다. 특정 케이크 가게를 좋아해서라면 점포 디자이너라는 길도 있다. 꼭 케이크가 아니어도 된다. **정말 좋아하는 것이 무엇인지만 정확하게 알면 어떻게 하고 싶은지도 서서히 깨닫게 된다.**

어떻게 하고 싶은지를 알고 나면 세상이 더 좋아지는 방향으로 연결해 보자. 세상과 나 사이의 공통분모를 찾는 것이 어려울 수 있지만 직업 선택이라면 상대적으로 간단하다. 자신과 사람들을 웃게 만드는 것은 얼마든지 있다. 'ㅇㅇ으로 모두를 미소 짓게 만들고 싶다'라는 마음이면 된다.

일찌감치 한마디로 만들어 목표로 다잡자. 물론 그렇게 바로 딱 맞는 일이 눈에 띄지 않을 수도 있다. 하지만 이런 일을 하고 싶다고 말로 만들어보면 기회 역시 다가온다. 스스로 가능성을 만들고 있으니, 일의 기회가 찾아오는 것이다. 그러다 좌절하는 일이 생기더라도 '정말로 좋아하는 마음'이 버티게 해준다.

　시간 가는 줄 모를 정도로 푹 빠진 것과 세상 사람들이 좋다고 응원해주는 일이 일치하게 되면 그것은 비즈니스가 된다. 실제로 나는 내 아이들에게 그렇게 말해주고 있다.

연습하기

자신이 '좋아하는 것'을 세밀하게 나누어 깊이 생각해 보자.

예 케이크를 좋아함 ➡ 먹는 것을 좋아함

　　　　　　　➡ 케이크 디자인 보는 것을 좋아함

⋮

12

본질은
바뀌지 않는다

본질을 알면 완성도가 달라진다

본질, 조금 난해한 말이므로 이 책에서는 '뿌리'라는 말로도 표현하고 있다. 하지만 '본질'을 아는지 혹은 모르는지 여부로 일의 완성도는 물론 삶의 질조차 현격히 달라진다.

'본질'의 사전적 의미는 '본래 가지고 있는 사물 자체의 성질이나 요소'를 가리킨다. 하지만 이 말만으로는 이해하기 어렵다. 나 역시 오랜 기간을 '본질이 뭘까?' 생각하며 일해왔다. 나는 그 이유가 명확했다. 수십 년을 반복적으로 계속해서 쓰이는 카피가 있다는 사실을 알았기 때문이다.

그것은 산토리 싱글 몰트 위스키인 야마자키의 '아무것도 더하지 않는다. 아무것도 빼지 않는다'이다. 이 문장은 카피라이터 니시무라 요시나리가 만든 카피로 이미 많은 사람에게 알려져 있다. 다른 상품의 카피는 계속해서 바뀐다. 그런데도 이 카피만 유독 바뀌지 않는 이유는 무엇일까. 궁금해서 주위의 선배들에게 묻자 "본질적이니까"라는 대답이 돌아왔다.

'카피를 쓰려면 본질을 알아야 한다'라는 말은 상당히 충격적이었다. '학교에서는 배운 적 없는데!' 하며 진심으로 당황했다. 내가 당황한 것과 무관하게 눈앞에 놓인 일은 마감이 있고 본질을 몰라도 업무는 계속 진행됐다. 하지만 산토리의 카피에는 있는 '한마디가 가진 강렬함, 근사함'과 같은 깊은 매력이 내가 만든 문장에는 없다는 것을 나는 알고 있었다. 대체 그 차이가 어디에서 오는 것일지 오래도록 고민했다.

본질을 내가 생각한 한마디로 표현하면 '뿌리'다. 심근心根이라는 말처럼 그 사람의 뿌리는 그 사람의 본질이며, 즉 변하지 않는 부분을 말한다. 알기 쉽게 바꿔 말하면 모든 일의 뿌리, 문제의 뿌리와 같은 느낌이다. 몸에 착용하는 시계나 수트, 소속 회사나 직함 등은 겉으로 보이는 표면적인 부분이다. 이것만으로는 그 사람이 어떤 사람인지 본질적으로 알기 어렵다.

본질은 보는 것이 아니라 느끼는 것

사람의 본질적인 부분은 어떻게 하면 알 수 있을까? 예를 들면 크리에이티브 디렉터이자 주식회사 드래프트의 대표인 미야타 사토루는 회의 중에 자주 화를 낸다. 기업 고객에게 버럭 소리 지를 때도 있어 주위 사람을 조마조마하게 만들지만, 본인이 하고 싶은 말을 고집하면서 화를 내곤 한다. 미야타는 상품을 통해 세상을 이롭게 하고 싶다는 생각을 하고 있는데 기업 측이 때론 자신들의 편의대로 밀어붙인다는 것이다. 그것은 타깃 대상에게 지지받을 수 없으며 세상을 이롭게 할 수도 없는, 즉 판매로 연결되지 못할 것이기 때문에 고집을 부린다고 한다.

이렇듯 **그 사람이 무엇을 가장 중요하게 여기는지**를 알면 그 사람의 뿌리를 조금이라도 엿볼 수 있다. 그것은 말 한마디 한마디에서도 느낄 수 있다.

나는 종종 사람의 본질을 꿰뚫어 본다는 말을 듣곤 한다. 어떻게 상대의 본질을 알아보는가 하면 **그렇게 느껴지기 때문**이다. 생각은 불확실하지만 느낌은 춥고 더운 것과 같이 느껴지는 것이어서 웬만해서는 틀리지 않는다.

회의 중일 때 과제의 본질(이야기의 뿌리)을 아는 사람은 발언 내용에 흔들림이 없다. 상대의 본심을 파악하는 데에도 능숙하다. 또 대화가 매우 매끄럽다. 학력과는 전혀 상관없는 이야기다.

본질적인 한마디를 쓰기 위해 나는 **안테나를 세운 채 살아가려고 노력했다.** 신기하게도 '그런 것은 평생 몰라도 돼'라고 생각하면 계속 모르는 상태가 된다. 그런데 궁금하다고 생각하면 자연스럽게 정보가 들어온다. 생각보다 많은 일이 그렇다. 안테나를 세우는 법에 대해서는 다음 장에서 설명하고자 한다.

함께 일하고 있는 사람이 무엇을 가장 중요하게 생각하는지 예측해 보자.

13

호기심의 안테나를
세우는 방법

이유를 생각하며 파고든다

매일 반복되는 삶 속에서 지금 무엇이 유행하는지, 세상 사람들은 어디에 관심이 있는지 등에 대해 얼마나 안테나를 세우고 있는가. 그저 알고 있는 것이 아니라 '왜?'라는 질문을 가지고 더 깊이 생각해 보자. 그런 시간을 갖는 것은 매우 중요하다.

2022년부터 여러 가지 새로운 사고방식과 담론이 발생하고 있다. 그 배경에는 전대미문의 팬데믹이 있었다. 코로나 상황에 따라 새로운 사고방식이 생긴 것도 맞지만, 다들 불안한 상태이기 때문에 그런 것도 맞다. '여러 가지 생각이 나오고 있다는 것은 지금까지와는 달라야 한다는 이야기다', '새로운 사고방식을 받아들일 기반이 생기고 있구나' 등 관점을 계속 바꿔가며 점점 생각에 깊이를 더해보자. 나는 이런 상상을 평소에도 자주 한다.

그런 시대적 흐름과 기모노의 뜻을 합쳐 'Play KIMONO'라는 브랜드 이름을 제안한 적이 있다. 주식회사 후타야가 론칭한 새 전통의상 브랜드 'Play KIMONO'는 일상이나 격식을 갖춰야 하는 자리 모두 착용 가능한 기모노를 합성섬유로 제작해 취급하고 있다. 창업자 하라 나오키는 전통 기술이나 의상 문화를 업그레이드하여 미래로 연결하고자 했다.

하라의 뜻을 담아 시대와의 조합을 생각해 보니, 요즘에 기모노를 입는 것은 '코스프레'에 가깝다는 것이 떠올랐다. 그러자 '즐기다＝놀이하듯 기모노를 입는다'라는 콘셉트가 머릿속에 따라왔다. 기모노는 눈에 띄는 복장이므로 '놀이'로 설정하고 옷 입기를 즐기는 사람을 타깃으로 정하면 기모노를 입고 싶어 하게 만들 수도 있겠다는 아이디어를 떠올렸다. 그렇게 코스튬 플레이의 '플레이'와 '기모노'를 합쳐 'Play KIMONO'를 제안했다.

몇 글자 되지 않는 브랜드 네이밍이지만, 사실 진짜로 **제안한 것은 사고방식**이다. 이름 안에 아이디어가 들어 있으며, 비즈니스를 위해 고객이 원하는 것을 담는다는 기준에도 부합한다. 브랜드명 결정 후, 'Play KIMONO'를 같은 입장의 제작자에게 보여주자 "매우 개념적이네요"라는 반응을 보였다. 이제 막 시작했지만, 새로운 일본 의상 브랜드로 알려질 커다란 가능성도 내포하고 있다.

안테나를 세우면 찾아낼 수 있다

안테나를 세운다는 말은 의식하며 생활한다는 의미이다. 의식하지 않으면 알아채지 못했을 사실을 알게 되는 것이다. 본질을 잡아내기 위해 어느 때는 '이 사람이 진정으로 하고 싶은 말이 무엇일까?', '가장 말하고 싶은 것이 무엇일까?'를 생각하며 이야기를 듣는다.

그 외에도 '왜 이렇게 된 것일까, 이 이야기 혹은 문제의 뿌리는 무엇일까?', '이 사람이 정말로 화가 난 이유는 무엇일까?' 등을 생각한다. 본질을 찾아낸다는 것은 'what과 why 안테나'를 올리고 자리에서 탐색하는 것을 말한다.

곤란한 상황을 향해 안테나를 세우기 때문에 진짜 문제점에 다가갈 수가 있다. 물건이 잘 안 팔리는 이유는 당신의 문제가 아닌 전달 방법의 문제일지도 모른다. 혹은 세상이 안고 있는 문제이거나 상품에 뭔가 부족하기 때문일지도 모른다. 가설을 계속해서 세우는 과정이 필요하다.

옛날 사람은 모두 본질적인 부분을 알고 있었던 것 같다. 본질을 잘 찾을 수 없다면 지금 안테나를 건성으로 세우고 있기 때문일지도 모른다.

상대가 화를 내는 진짜 이유

안테나 세우기의 장점이 진가를 발휘하는 곳은 업무뿐만 아니라 생활에도 해당된다. 상대방이 화를 내거나 아이가 우는 진짜 이유 등 다양한 상황에서 진상을 파악할 수 있게 된다. 이렇게 되면 진실을 알아주는 사람이라는 신뢰 관계도 형성되어 커뮤니케이션은 더욱 매끄러워진다.

예전 회의에서 좋은 아이디어가 나오자 모두 그 아이디어로 진행하려고 할 때 무턱대고 반대하는 사람이 있었다. 그 반대 이유 중에는 '체면이 안 선다'라는 점도 있었다. 말도 안 되는 이야기다.

본질만 파악하면 그것으로 아름다운 한마디를 만들지는 못하더라도 그 자체만으로 살아가기가 편해진다. 전달 방법을 찾을 수 있고 최적의 해결책을 선택할 수 있게 되며 나만의 기준을 세울 수 있게 된다.

매사 본질을 파악하여 무릎을 '탁' 칠 만한 한마디를 만들 수 있게 되면 그때는 이미 프로의 영역에 다다랐다고 할 수 있을 것이다. 그렇게까지는 할 수 없더라도 상대가 이해할 수 있을 만한 말을 찾는 정도로도 충분하다. 마음속으로 '이건가?'라는 생각이 드는 정도면 된다.

본질을 꿰뚫는 것을 애초에 잘하는 사람도 분명히 있다. 하지만 나 같은 슬로 스타터도 있다. 그러니 당장 잘 되지 않는다고 불안해하지 말고 계속해서 호기심의 안테나를 세우길 바란다.

본질을 파악하는 능력을 갖는 것은 자신을 갈고닦는 것과 같다. 즉 자신을 레벨업하는 일이다. 이 책에서 반복적으로 말하고 있는 '목표 설정', '미래에 되고 싶은 긍정적인 이미지'를 향해 우선은 행동하라. '나는 분명 할 수 있다' 하고 자기 암시를 거는 것도 방법이다.

전달 방법을 열심히 궁리하는 것보다 본질을 파악하는 일에 열중하면 차분하게 전달 방법을 생각해 낼 수 있다.

다른 사람의 말이나 행동의 배경을 예측해서 적어보자.

예 왜 그 사람은 메일을 보냈을까?

→ 나를 신경 쓰고 있는가?

→ 내 목소리를 듣고 싶어 하는가?

→ 전화 통화하길 원하는가?

⋮

14

세상을 널리 이롭게 하는
문장을 써라

잘 되는 장사는 세상에 이롭다

장사는 어떻게 하면 잘 될까? 그 방법은 한마디로 정리되어 있었다. 바로 '산포요시三方よし'다. **'파는 사람에게 좋고, 사는 사람에게 좋고, 세상에 좋아야 한다'**라는 의미로 에도시대 상인들이 제창한 경영 이념이다.

나는 탁월한 한마디로 표현하는 것을 직업으로 삼아 고민을 거듭하며 매출 창출, 팬 생성, 브랜드 제작을 도왔다. 그중에서도 특히 '세상을 어떻게 이롭게 만드는가'를 한마디로 표현하는 것이 중요하다고 여러 방면에 전파해 왔다. 어느 날 산포요시라는 말을 알게 되었을 때 "뭐야, 이미 아주 옛날에 한마디로 정의되어 있었구나!" 하며 스스로의 무지에 웃고 말았다.

　산포요시의 시선으로 기업의 슬로건을 다시 한번 살펴보면 '건강에 아이디어를 더하다', '물과 함께 살아가다' 등의 문장은 각각 한마디 덕분에 세상이 좋아지고 있음을 느끼게 만들 수 있지 않을까. 여러분이 알고 있는 기업 슬로건은 어떨까.

　'산포요시'를 실천하고 있는 기업은 정말 많을까. 아쉽게도 현재로서는 판매자를 제일 우선시하고 자신들의 이익 창출과 매출만 신경쓰는 기업이 많은 듯하다. 그다음이 구매자를 바라보고 있으며, 세상은 거의 보지 않는다. 이익 중심의 사고방식, 그렇다면 산포요시가 아니라 니샤요시二者よし, 즉 두 사람에게만 좋은 일이 된다.

　그러나 '판매자와 구매자', 이 두 사람만 좋은 것으로는 사업이 원활히 흘러가지 않는 형태로 변화하고 있다. 개인적으로 팬데믹을 겪으면서 이 사실을 깨달았다. 거리두기 시간은 다양한 것을 강제로 멈추게 했고 지금을 되돌아보는 시간이기도 했다.

　집에 있어야 하고 이동을 최소한으로 하는 것은 자신을 지키기 위해서 하는 일이다. 하지만 기저질환 환자나 고령자, 어린이 등 취약한 다른 사람을 지키기 위해서이기도 했다. 자기중심적 생각에 빠져 있던 사람들이 공동체를 위한 발상을 해볼 기회를 얻었다. 그리고 우리에게 무엇을 해줄 수 있는지 바라보는 관점으로 국가나 지자체, 기업을 바라보게 된 것은 코로나를 겪으며 생긴 커다란 변화였다.

'우리에게'라는 표현은 '우리가 살아가는 세상 속'이라는 말로 바꿀 수 있다. 그야말로 '산포요시' 그 자체다.

일본에는 원래 '세상을 이롭게' 하기 위해 생긴 기업이 많았을 것이다. 경제 버블 시기에 이르기까지 어떻게 그토록 많은 일본 기업이 최고의 제조기업으로서 세계 무대에서 군림할 수 있었을까. 그 답도 여기에 있다고 생각한다.

기술이나 서비스도 실제로 훌륭했다. 그와 동시에 창업자의 '세상을 더 좋게 바꾸고 싶다'라는 순수한 열의가 세상을 움직인 부분도 크지 않았을까. 기술이나 서비스는 의미를 담고 세상과 연결되어 있다. 그 의미는 말을 넘어 전해지는 것이다. 사업이 오래도록 지속 가능했던 이유는 세상에 환영받았기 때문이다. 그러나 시간이 지남에 따라 이익을 중시하는 생각이 만연하면서 그 열의가 점점 희미해지고 작아진 듯하다.

미래까지 생각한다

'기업은 어떻게 세상을 좋아지게 만드는가?'를 묻는 시대로 다시 흘러가고 있다. 행동 지침으로 '모두를 위한 시선, 세상을 위한 관점'이 있다고 느끼면 팬들은 지지하고 싶은 생각이 들기 때문이다. 그리고 **앞**

으로는 비즈니스도 사회도 '지속 가능한' 것이 필수다. 따라서 이제 '산포요시'에 '시간축'을 하나 더 추가하는 것이 필요하다. '미라이요시未来よし'라고도 할 수 있겠다. 즉 **'어떻게 하면 미래를 더 좋아지게 만들 수 있을까?'** 하는 관점을 중시하는 것이 현재보다 더욱 강화될 것이다.

산포요시 정신은 비단 대기업에만 해당하는 이야기가 아니다. 작은 가게, 대학 동아리에도 산포요시를 적용할 수 있다. 물론 '나'라는 개인에게도 마찬가지다. 프리랜서로서 일하는 내 사무실의 산포요시는 나의 카피가 고객을 납득시켜 판매를 촉진하므로 '판매자에게 좋고', 고객이 한마디에서 얻은 정보를 통해 필요한 비즈니스를 활용하므로 '구매자에게 좋고', 고객이기도 한 나를 포함해 모두가 좋은 일이라고 응원하고 싶어지므로 '세상에도 좋다'. 그리고 탁월한 한마디를 만들기 위한 사고법을 생활에 적용하면 글쓰기를 좋아하는 사람이 늘어날 테니 '미래에도 좋다'.

여러분에게 산포요시는 무엇인가?
많은 사람을 미소 짓게 하는 일은 '버틸 힘'을 만들어 준다.

자신의 일 혹은 스스로에 대한 산포요시^{三方よし}와 미라이요시^{未来よし}를
써보자.

상상에는 경험이 필수

카피라이터를 목표로 하는 학생과 이야기할 때는 여러 가지 경험을 쌓아두면 좋다고 이야기한다. 경험은 상상과 결부되기 때문이다. "그건 이런 건가요?" 하고 질문하려면 아는 것만으로는 부족하며 제대로 터득하지 못하면 물어볼 수가 없다.

아는 것은 지식, 머리로 아는 것이다.
터득하는 것은 경험, 몸이 겪어 자신의 피나 땀이 된 것을 말한다.

좋아하는 사람에게 꽃다발을 보내는 방법에 대한 설명은 지식이다. 실제로 어떻게 했는가, 이것이 경험이다. 경험이 많다는 것은 인터넷에서 클릭으로 꽃다발을 주문하거나 꽃집으로 발길을 옮겨 점원과 상담한 후 꽃다발을 고르는 등의 경험을 여러 번 해본 적이 있다는 의미일 것이다.

꽃다발 하나를 보내는 일에도 프러포즈, 축하 인사, 병문안, 장례식 등 다양한 목적이 있다. 꽃의 종류, 꽃의 색, 싱싱함, 무게, 구매할 때의 기분 등 모든 것이 달라진다.

생각이 풍부해지려면 상상력이 필요하다. 상상은 경험 속에서 우러나온다. 경험이 부족하면 세세한 부분까지 떠올리기가 힘들어 생각이 풍부해지기 어렵다. 이미지를 확실히 내 것으로 만들면 다음 단계에서 '나라면 어떨까?'라는 생각 주머니도 원활하게 부풀어 오른다.

만약 여러분에게 소중한 경험이 없다는 생각이 들면, '소중한 경험을 하지 않았다는 경험을 하고 있다' 하고 긍정적으로 받아들이면 된다. 그것이 '재미없다', '아깝다' 하는 생각이 든다면 '죽기 전까지 하고 싶은 100가지 일'을 리스트로 만들어 보길 바란다. 지금을 있는 힘껏 즐겨야 현재의 경험이 피와 살이 된다.

경험은 집 밖에 있다. 스마트폰 외부의 세상이 있다는 것을 잊어서는 안 된다. 마음이 무엇을 느꼈는지가 당신만의 경험이 된다.

카피의 격을 높이기 위한 to - do list - 2부

[아이디어를 떠올리기 위한 체크리스트]

❶ 생각 90%+기술 10%= 한마디로 만들기

❷ 역지사지 및 다양한 시점에서 생각하기

❸ 공감보다 행동을 이끌어내는 문장 생각하기

❹ 산포요시*, 미라이요시**를 기억하기

[탁월한 한마디를 찾아내기 위한 5단계 사고법]

❶ 과제를 꼼꼼하게 살펴보며 파악한다.

❷ 어떻게 되고 싶은지 생각한다.

❸ 세상에도 도움이 되는 일인지 생각한다.

❹ 자신(혹은 사업)과 세상(전달 대상)의 공통점을 찾는다.

❺ 말로 표현하여 자신과 세상에 울림을 주는지 상상한다.

＊산포요시: 파는 사람에게 좋고, 사는 사람에게 좋고, 세상에 좋아야 한다.
＊＊미라이요시: 미래를 더 좋아지게 만들 수 있는 가치를 전달해야 한다.

제3부

탁월한 한마디로 만드는 표현법

15

못 쓰겠다는 생각은
떨쳐버리자

생각이 안 나면 일단 연필을 내려놓는다

워크숍을 진행하다 보면 연필을 손에 쥔 채 꼼짝도 하지 않는 사람을 발견하곤 한다. '한번 써볼까!' 하는 마음으로 책상 앞에 앉은 것은 좋지만, '그게 그러니까⋯⋯', '음⋯⋯' 하고 고민만 하고 있는 것이다. 시간은 흐르는데 무엇부터 쓰면 좋을지 모르면 멈춰 있게 된다.

그럴 때는 재빨리 연필을 내려놓자. 쓰지 못하는 것이 아니라 당신은 아직 쓰고 싶지 않은 것이다. 쓰지 못한다는 것은 그저 당신의 착각이다. 쓰고 싶다는 마음이 아직 충분하지 않은데 연필부터 쥐어 버려서 못 쓸 것 같다는 조바심이 생겼을 뿐이다. 요리할 때 무얼 썰어야 할지 모르는데 칼부터 손에 쥐고 멍하니 서 있는 것과 같다.

종이를 앞에 두고도 쓸 마음이 생기지 않는다면 쓰지 못하는 것이 당연하다. 내가 카피를 쓸 때 매우 중요하게 생각하는 것 중 하나는 **쓰고 싶다는 마음이다.** 쓰고 싶다는 것은 쓸 것을 찾은 상태와 같다.

쓰고 싶다는 마음이 생길 때까지는 아무것도 쓰지 말아보자. 고민을 거듭해 힘들게 쓴 글은 괴로운 마음까지 상대방에게 전달한다. 카피라이터 일 역시 쓰고 또 쓰기를 수십 시간 반복한 고통 끝에 겨우 한 줄이 완성된다고 하면 광고를 보는 사람에게도 전해지지 않을까? 긍정적인 내용은 긍정적으로 쓰고, 긍정적으로 전해졌으면 좋겠다.

한마디 쓰기는 글자 입력하는 시간만 치면 수십 초에 불과하다. 의외라고 생각할 수도 있지만 쓰는 시간은 사실 아주 잠깐이다. 그럼 그사이에는 무엇을 할까? 2부에서도 설명했듯이 그저 열심히 **생각**한다. 생각하면서 쓸 말을 찾고, 쓰고 싶어지는 말을 기다린다.

전하고 싶은 메시지는 오직 하나

이것도 말하고 싶고 저것도 말하고 싶지만 하나도 못 쓰겠다 싶을 때가 있다. 그 답답함의 정체를 깨달을 때까지는 쓰기 단계에 가지 못한다. 무리해서 쓰려 하기보다는 생각을 정리하자. 진짜로 말하고 싶고 전하고 싶은 것이 무엇인지 찾아내면 그것을 한마디로 결정한다.

짧은 한마디로 전달하려면 한 가지만 말해야 한다. '한 문장에 하나의 메시지One Sentence, One Message' 법칙이다.

대부분 사람은 정보를 갖고 싶어 하므로 '필요 여부'에 따라 정리해 보자. '한 가지로 과연 말하고 싶은 것을 다 말할 수 있을까?' 하는 걱정이 들 수 있지만, 문장의 축을 정하는 데 필요한 과정이다. 한 가지밖에 말할 수 없더라도 이 과정에서 '이런 것까지 말할 수 있을 것 같다'라는 발견을 할 수도 있다.

'밝다'라는 형용사는 불빛, 태도 또는 미래 상황 등 두 가지 이상의 대상에게 사용할 수 있다. 레토릭rhetoric(듣는 사람을 설득하거나 납득시키기 위해 사용하는 비유, 과장, 반어, 도치 등의 수사법)을 사용하여 전달할 수 있는 '가능성 있는 단어'다. 이처럼 다의어를 통해 여러 가지를 표현할 수 있다.

최종적으로 결정되는 것은 결국 '강렬'하겠지만, 처음부터 강렬함을 찾으려 하는 것이 아니라 어디까지나 '정말로 말하고 싶고 전하고 싶은 것'에 무게를 두어야 한다. 만약 지금껏 별로 생각해 오지 않았다면 틈틈이 생각하는 습관을 들이도록 하자. 전달하고 싶은 것, 써야 할 것이 보이기 시작할 것이다.

메모를 쓰는 것도 한 방법이지만, 나는 거의 메모를 하지 않는다. 마음을 사로잡을 수 있도록 **깊게, 꽂히는** 말을 발견하면 더 좋다. 신입 때는 메모를 하기도 했지만, 내가 메모 쓰기를 그만둔 이유는 '**금방 잊어버릴 듯한 말은 다른 사람에게도 남지 않는다**'라는 생각에 도달했기 때문이다.

　머릿속에 문득 떠오른 말을 잘 잡아 두었다 해도 그것이 지속적으로 기억할 수 있는 것인지는 알 수 없다. '뭐라고 메모했더라?' 하며 기억을 떠올리는 일에 시간을 허비할 바에는 새로운 생각을 해내는 편이 빠르다.

애써 잘 쓰려 노력하지 않는다

하고 싶은 말을 한 가지만 내세우면 무슨 일이 벌어질까. 무엇을 말할 수 있을까. 무엇을 남길 수 있을까. 이것은 상상력 훈련이다. 이 과정을 통해 상상력을 키울 수 있다. 생각하며 산책을 해도 좋고, 밥을 먹어도 좋다. 데이트 중에 해도 괜찮지만, 상대가 자신의 이야기를 듣고 있냐는 말이 나오게 되면 곤란한 상황이 벌어질 수 있으므로 주의가 필요하다. 생각에 빠져 있는 동안 상상력을 펼치는 생각의 길이 생기기 시작한다.

　한 가지를 결정하면 '잘 쓰고 싶다'라는 생각은 재빨리 떨쳐 버리자. 쓰고 싶은 마음은 전달하고 싶은 마음과 바로 닿아 있어야 하며, 잘 쓰지 않으면 안 될 이유도 없다. 애써 꾸민 문장보다는 한마디로 확실히 말하고 듣는 사람에게 명확히 전달했다는 기쁨이 다른 사람에게 칭찬받는 것보다도 훨씬 멋진 체험이 될 것이다.

후배 카피라이터에게 "어떻게 해야 카피가 채택될 수 있을까요?"라는 질문을 받는 경우가 있다. 그녀는 카피가 채택되지 않아 많이 고민하고 있었다. 솔직히 놀랐다. 나는 카피가 채택되고 싶다는 생각을 한 적이 없기 때문이다.

누군가가 내가 제안한 내용에 '의문'을 표현하면 다른 안을 생각한다. 그건 내가 아직 충분히 힘을 갖고 있지 않기 때문이다. OK 받을 수 있는 것이 나올 때까지 쓸 수밖에 없다. 실제로 그렇게 해 왔으며 혹여나 재작업 요구를 받으면 속상하긴 하지만 업무이므로 따지지 않는다. **써낸 말을 고집하지 않고 더 나아질 수 있는 기회라고 생각하며 다시 쓰고 수정한다.** 그러면 자연스레 위화감 없이 앞으로 나아가게 된다.

쓰고 싶어서 쓴 말을 '명확히 잘 말하고', 생각한 그대로 상대방에게 전달되는 체험을 꼭 맛보길 바란다.

사람들에게 전달하고 싶은 자신의 장점 중에서 단 한 가지를 꼽아보자.

16

마음 일기를
쓰자

쉽게 할 수 있는 언어화 트레이닝

'마음속 생각을 바르고 정확하게 언어화할 수 있는 사람'은 흔치 않으며 오히려 대부분은 고민거리일 것이다. 그것은 사실 잘 전달하지 못하는 것이 아니라, 말 꺼내는 방법을 잘 모른다고 표현하는 것이 맞을 것 같다.

내가 나에 대해 말 꺼내는 방법을 이제야 겨우 알게 되었다고 깨달았던 때는 카피라이터를 시작한 지 5, 6년 지난 20대 후반이었다. 상대방의 마음을 따라가면서 카피를 쓸 수 있게 된 것은 그보다 한참 전이었다.

아무런 불편함 없이 언어를 읽고 쓸 수 있는데도 자기의 일이 되면 말하는 것이 어렵다고 느끼는 사람이 많은 이유는 무엇일까. 그것은 결국 '전하고 싶다'는 마음보다 '전달하기 귀찮다', '전하지 않아도 알 수 있지 않나'라는 마음이 우위에 있기 때문은 아닐까?

자신의 마음이나 생각을 다른 사람에게 분명히 전하는 것은 내 기준에서 '표현'이 아니다. '언어로 가시화, 시각화하는 것'은 표현이 아니라 '전달'이기 때문이다. 전하고 싶으니까 전달하는 것이며, 열심히 표현할 정도로 전하고 싶은 것이 있는 사람은 많지 않을 것이다.

내가 하는 일도 나를 표현하는 것이 아니다. '표현하고 싶어 죽겠네!'라고 말할 정도면 그건 예술의 영역에 해당하지 않을까. 쓰는 것, 전하는 것의 허들을 쓸데없이 높일 필요는 없다.

한편 하고 싶은 말을 언어로 구체화하는 데에 추천하는 간단한 훈련은 '마음 일기 쓰기'다. **일기의 내용은 매일 일어나는 일이 아니라 당신의 감정**이다. 그날의 기분이 화가 났다거나 기뻤다면 그 이유도 함께 기록한다. 누구에게도 보여주지 않는 것이므로 항목별로 사실만을 적는다. 속이 후련해지면 그걸로 끝이다.

그 과정을 통해 자신의 기분을 명확히 전달할 수 있게 된다. 그렇게 하면 마음을 언제나 건강하게 유지할 수 있다. 커뮤니케이션에 얽힌

실랑이는 '제대로 전달되지 않았기 때문에' 발생하는 경우가 대부분이다. 마음 일기를 쓰면 점점 전달하지 못한 횟수가 줄어들 것이 분명하다.

고개를 들고 생각하자

계속 바닥만 바라보고 있으면 아무것도 떠오르지 않는다. 그럴 때야말로 고개를 들고 위를 바라보며 생각하자. 내가 구직 활동을 하던 시절에 조언을 들은 이후로 지금까지 계속하고 있는 방법이다. 생각하는 것은 '로댕의 생각 하는 사람'처럼 해야 할까? 심각하고 곤란한 얼굴을 하는 것 말이다. 사실 그 것은 전혀 좋지 않다.

읽는 사람의 기분이 좋아지는 한마디는 어렵게 생각하면 나오지 않는다. 생각하는 것은 매우 즐거운 일이다. 생각하는 것의 부산물인 '아이디어'가 그 러하듯 생각의 끝에는 문제 해결로 이어지는 멋진 한마디가 있다. 아래를 보 며 아무리 심각하게 고민해도 생각나는 것은 손때가 묻은 진부한 말뿐이다. 그렇다면 당연히 위를 올려다보며 생각하는 편이 좋지 않을까.

말도 아이디어도 떠오르는 것이다. 워크숍을 진행할 때 "책상에 정답은 적 혀 있지 않습니다. 위를 바라보며 생각합시다"라고 종종 말해주고 있다. 물 론 천장에도 정답은 적혀 있지 않다. 하지만 위를 향하는 편이 즐겁게 생각하 는 듯 보인다. 고개를 들고 생각할수록 나 역시 그랬듯 쓰는 것이 점점 즐거 워질 것이다.

17

자신만의 언어로
문장을 만들자

표현은 '열심히' 하는 것이 아니다

'표현'은 때때로 '크리에이티브'라고 평가될 때가 있다. 하지만 그것은 '극히 일부 표현'에 대한 평가이다. 대부분의 표현은 모든 사람이 '이미 가지고 있거나 준비된' 것이다. 표현은 열심히 '하는' 것이 아니라는 생각이 든다.

예를 들면 '웃는 것'도 하나의 표현이고 '당신만의' 웃는 방법이 있는 것과 같다. 웃는 것은 자연스럽게 하는 것이다. 억지로 만든 웃음 말고 자기도 모르게 웃어버릴 때는 '잘 웃으려고' 고민하지 않았기 때문이다.

'웃음'과 마찬가지로 '쓰기'도 자기답게 했으면 좋겠다. 주위로부터 좋은 평가를 받고 싶다는 것은 사람이라면 누구나 드는 생각이겠지만, 나는 특히 표현에 관해서는 다시 생각해 보라고 하고 싶다. **솔직하게 쓴 문장에는 당신이 있다.** 그래서 우선은 '정확하게 전달하는 것'에 주력하는 것이 좋다.

말로 할 수 없고 전할 수 없는 것은 근사한 표현이 부족해서가 아니라 전달이 제대로 되지 않은 것뿐이다. 그렇게 생각하면 쓰기가 매우 편해지지 않을까.

'사람들이 잘 썼다고 생각했으면 좋겠다'라는 마음은 칭찬의 축이 상대방에게 있다. 상대방이 평가의 기준을 정하게 하고 그 판정을 기다리는 상황이다. 욕심은 끝이 없으므로 조금만 더, 조금만 더, 하며 다른 사람의 인정을 추구하면 상대방만을 바라보게 되고 자신의 축은 점점 사라지는 것처럼 느끼게 된다.

그것보다는 '자기가 가장 말하고 싶은 것'을 파악하고 그것을 한마디로 바꾸는 것을 지향해야 한다. **근사한 말이 아닌 자기가 정말로 전하고 싶은 것 한 가지를 쓰자.**

표현하는 단계가 되었다고 갑자기 평가의 축을 다른 사람에게 옮기는 것은 너무 아깝다. 문장을 쓸 때도 당신 자신의 언어를 구사하려고 노력해야 한다.

우선은 한마디로 정확히 전달해 보자.

예 재미있게 본 영화에 대한 감상문

- 정말 좋은 영화였다.
- 주인공이 역경을 헤쳐 나가는 모습이 재미있었다.

18

나만의 표현 규칙을
정하자

타인의 시선에서 자유로워질 것

메시지를 전달하려는 사람은 나 자신이다. '이걸 좋아해', '이게 좋겠어' 하고 정하는 것 역시 자신이다. 나는 지금껏 좌충우돌하며 업무를 진행했고 이제는 카피를 잘 써보자고 생각은 하지만 실제 글로 옮길 때는 '잘 보여야지'라는 생각은 안 하게 되었다. 오히려 사람들에게 잘 보이려는 생각을 버리면서 마음이 편해지고 마치 호흡하듯 글을 쓸 수 있게 되었다.

아래의 3가지 규칙은 문장을 자연스럽게 만든다.

❶ 애써 잘 쓰려고 하지 않는다.

❷ 많이 쓰지 않아도 좋다. A4 용지 가로 방향으로 한 단어씩.

❸ 나에게서 나온 것은 마음에 드는 말, 그 자체를 즐기기.

하나씩 살펴보자. 규칙 ❶의 '애써 잘 쓰려고 하지 않는다'는 정말 중요하다. 앞에서 말했지만, 평가 기준 이야기다. 잘 보이기 위해 쓰려고 하면 할수록 점점 '어떻게 하지?' 하는 생각만 들면서 손이 움직이지 않게 된다. 그리고 오히려 잘 보이려고 노력한 것은 결국 상대방에게 보이지 않게 된다.

"상대의 평가를 마음에 담지 않고 썼더니 너무 평범해졌어요." 여러분들의 이런 말들이 들리는 듯하다. 오히려 나는 **왜 평범하면 안 되나요?** 하고 묻고 싶다. 진심으로 전하고 싶은 말, 하고 싶은 말을 '바른 언어'로 표현한 그 한마디가 가장 하고 싶은 말이라면, 아무런 문제가 없기 때문이다. 그 평범함에는 진실함, 성실함, 진지한 태도가 담겨 있다. 우선은 명확하게 메시지를 전달하는 것이 중요하다.

그리고 자신에게서 나온 말을 스스로 받아들이며 아끼자. 그 말에 이어 다른 문장이 이어진다고 할지언정 처음의 그 한마디 덕분에 뒤이어 연결되는 말도 깔끔하게 전달된다. 어설프게 포장하지 않은 '그것이 바로 나'이므로 당당해지길 바란다. 무리하여 엉뚱한 표현을 만들면 결국 '나다움'에서 멀어질 뿐이다.

한눈에 전달할 수 있는 길이가 중요하다

규칙 ❷의 '많이 쓰지 않아도 좋다. A4 용지 가로 방향으로 한 단어씩'
은 '카피라이터는 어떻게 프레젠테이션할까?'라는 질문에 대한 대답
에 가깝다. 가장 마음에 드는 말을 하나 혹은 둘 정도 선택한 후, 다소
아날로그적이지만 조금 멀리 떨어져도 잘 보이도록 A4 용지 정중앙
에 커다랗게 써보자. 말을 머릿속뿐만 아니라 눈으로도 '정중앙'에 보
이도록 두었을 때 과연 문구는 어떻게 보일지, 무엇을 느낄 수 있을
지, 그것을 알기 위해서다.

※ A4에 쓰인 단어를 문장으로 연결하면 '왜 평범하면 안 되나요?'가 된다

딱 봤을 때 단번에 읽어낼 수 있는지, 너무 길지는 않은지, 덜어낼
부분은 없는지, 더 좋은 말로 바꿀 수는 없는지 등 여러 가지를 객관
적으로 확인하기 위해서다.

잠시 책상 앞에 붙여 놔도 좋다. 눈에 띄는 장소를 권장한다. 컴퓨
터로 작업한다면 글자 크기를 36포인트 정도의 크기로 A4 용지에 인
쇄해 보자. 한눈에 알아볼 수 있는 글자 수는 10자 정도다. 적어도 단
번에 읽을 수 있는 한마디를 추구하자. 한 줄로 쓰여 바로 이해할 수

있는 정도의 길이가 이상적이다. 걸어가면서 봐도 의미를 알 수 있는 길이다.

최종안에 다다르기까지 많이 써보는 방법을 택하든 혹은 쓰지 않고 생각을 곱씹든 어느 쪽도 상관없다. 시간이 있다면 써도 좋다. 머릿속으로는 이미 몇 가지 문장을 쓰고 있을 테니 말이다.

자기만의 필터로 거른 언어와 마주하기
규칙 ❸ '나에게서 나온 것은 마음에 드는 말, 그 자체를 즐기기'에서 중요한 점이 두 가지 있다. 하나는 **나에게서 나온 말이어야 한다**는 점이다. 한마디로 쓰는 것은 무언가를 요약해서 짧은 문장으로 만드는 작업이 아니다. 가장 말하고 싶은 것을 찾으면 자기 필터로 걸러내야 한다. 자기 필터란, **스스로 발견한 '본질'을 자신의 몸으로 여과하는 것**을 말한다. 즉 자신만의 언어로 쓴다는 의미이다.

독립한 지 얼마 되지 않았을 무렵, 작은 업무를 맡은 적이 있다. 업무의 종류가 정보 정리 쪽이라고 생각한 나는, 말 그대로 문자를 정리하여 지정된 글자수 내로 맞추어 써냈다. 하지만 좀처럼 승인이 나질 않았다. 마음이 조급해진 나는 수정안과 함께 전혀 다른 새로운 문구도 새롭게 제안했다. 그 문구는 내가 직접 만든 말이었다. 더 정확히 말하자면 나는 어떻게 생각했는지, 해석하자면 어떤 의미인지 등 나 자신을 잘 음미한 내용을 나만의 언어로 만든 문장이었다. 그러자 새로운 안이 이해하기 쉽고 좋다는 평을 받아 그 문구로 진행하게 되었다. 이 경험을 통해 '말을 마케팅 도구로 이용하는 것은 이런 것이구나!' 하고 비로소 깨닫게 되었다.

빌려온 말이 아닌, 나만의 언어로 말해야 한다. 나에게서 나온 말이어야 설득력이 생긴다. 여러 생각이 돌고 돌아, 진심으로 전하고 싶다는 마음에서 나온 말이다. 말에는 자기 자신이 깃들어 있다.

두 번째로 중요한 점은 **나온 말을 마음껏 즐기는 것**이다. 조금 더 다른 말투는 없는지 생각하는 것을 즐겨보자. 프로는 어떻게 전달할지를 적확하게 조정한다. '어떻게'란 이를테면 다음과 같다.

- 재미있게
- 즐겁게
- 친근하게
- 이해하기 쉽게
- 멋있게/귀엽게
- 가슴에 와닿도록

여기에 상품의 이미지를 접목하여 나누어 쓸 수 있다. 톤과 매너, 즉 어조를 조정하는 것이다. 스포츠카나 위스키 등의 광고에는 멋있는 표현이 필요하며, 아기용품에는 귀엽고 친근한 표현이 필요하다.

하고 싶은 말이 정해지면 '어떻게' 부분의 이미지를 떠올리며 언어로 만들어 간다. '가자, 동북으로'의 겨울 버전에는 '일본인이라면 온천, 재팬*'이라는 카피를 채용하고 있다. 유머러스하다. 좋은지 안 좋은지는 둘째치고, 재미와 친근함을 가진 겨울의 동북 온천 여행을 담아 썼다. 유머는 여러분도 알다시피 자주 쓰는 표현법이다. 기억에도 남기 쉽다는 이유에서 자주 이용된다.

> *'일본인이라면, 온천에 풍덩!'을 일본어로 표기하면 '풍덩'을 Jabun(じゃぶん)이라고 표기하는데 이를 재팬(ジャパーン)이라는 비슷한 발음으로 변형하여 중의적인 표현으로 유머러스하게 표현한 것으로 보인다.

여기에 표현을 설계하는 즐거움이 있다. 어미를 바꾸거나 구두점을 이동해 보거나, 앞뒤 단어를 치환하거나 그렇게 변화를 주다 보면 바꾸고 싶지 않은 부분이 생기는 등 점점 문장이 명확해진다. 충분히 시간을 들이면 내 마음에 드는, 나다운 표현이 되고, 나다운 한마디가 된다.

아래의 예를 참고하여 당신이 가장 하고 싶은 말을 즐겁게 전달해 보자.

예 혼자 생각하기보다는 팀으로서 좋은 것을 추구하고 싶다.

전달: 팀워크를 중요하게 여깁니다.

↓

자기 필터로 거르기: 모두와 마음을 맞대는 것이 좋습니다.

↓

즐겁게 전달하기: 모두와 으쌰으쌰 하는 걸 좋아하는 사람입니다.

19

상식을 깨부수는 키워드 '상상력'

표현은 모방에서 시작된다

사수가 잘나가는 카피라이터로 바쁘게 지내던 모습을 바로 옆에서 보면서 일했다. '나도 저렇게 되고 싶다', '왜 나는 아직도 부족할까?', '어떻게 해야 할까?' 생각하며 오랫동안 애썼지만, 한편으로는 '비슷한 걸 쓰면 상대도 안 될 거야', '사수 같은 사람은 한 명이면 족하지'라는 생각을 했다. 사수와 나는 성향도 매우 달랐거니와 애초부터 세상 어디에도 '완전히 똑같은 사람'이란 없다. 모두 자신이 세상에서 유일한 존재다.

하지만 장점을 흉내는 낼 수 있다. 흉내를 내려면 많은 재료가 필요하다. 좋은 표현을 원하면 좋은 표현을 많이 입력해야 한다. 인풋 없는 아웃풋은 없다. 인풋 덕분에 '자기 필터'를 통과시킬 수 있고 이 재료가 아웃풋으로 이어진다. **짧은 한마디를 쓰고 싶다면 '좋은 한마디'를 대량으로 입력해야 한다.**

1970~1990년대 광고에는 짧고 훌륭한 표현이 많다. 디자인으로 보완하여 만들어진 듯한 한마디가 아니라 오로지 말로 완성된 표현이다. 또 소설이나 시구에도 힌트가 있다. 문장만으로도 풍경이 생생히 떠오르는 표현이나 뭔가 느껴지는 문장에 안테나를 세워 생활하고 몇 번이든 머릿속으로 곱씹다 보면 표현력은 발전한다.

흉내 내며 쓰는 동안 점점 나다운 표현이 자리를 잡게 된다. 하지만 우리가 잊지 않고 생각해야 할 것은 독자다. 그것이 표현이다. 내가 수없이 많은 시행착오를 겪으며 먼 길을 돌아왔기에 표현 때문에 고민하는 사람에게는 **표현에 필요한 것은 '상상력'**이라고 알려주고 싶다. 상상력이란 문자 그대로 상상하는 힘을 말한다. 이미지를 그리는 상상력을 어디까지 펼칠지는 개인차가 있다.

상상력은 아이디어를 지탱한다

누구에게나 어린 시절의 경험이 있다. '이걸 이렇게 하면 어떻게 될까? 잘 되려나?'와 같은 상상력으로 두근거리게 만들었던 작은 도전은 결국 놀이로 연결된 경우가 많았을 것이다.

이 두근거림을 글쓰기에 적용해 보자. 그러면 말을 향한 새로운 발상이 시작된다. 상상력은 어디까지나 머릿속으로 생각하는 일이다. 그 아이디어를 담아 말로 옮기는 것이다. 말은 머릿속에서 바로 만들 수 있고 눈으로 보며 바로 확인하는 재미가 있다.

예를 들어 사람들은 요리할 때 감자가 있으면 어떤 요리법으로 맛있게 만들어 먹을까를 상상한다. 감자 샐러드를 만드는 데에 감자를 어느 정도로 으깨면 되는지 등은 맛을 위한 '아이디어'가 된다. 체로 거르거나 깍둑썰기를 해도 목표인 감자 샐러드를 완성할 수 있다면 문제가 되지는 않는 것과 마찬가지다. 그것은 언어도 똑같다.

가령 봄 산에 대하여 전달한다고 하자. 산은 봄이 되면 여기저기 눈이 녹고 나뭇가지에는 새파란 싹이 움트며 작은 꽃들이 피어나기 시작한다.

> [예시]   산은 봄이 되면 식물들 때문에 간지럽겠다. (상상)
> ➜ 산이 후후후. 산이 웃는다. (아이디어)

실제로 산은 웃지 않지만, 봄이니까 웃고 있을 것 같았다. 그래서 '산이 웃는다'. 이것은 오래된 하이쿠俳句(계절을 상징하는 말과 5·7·5음절로 이루어진 일본 전통의 정형시)에 나오는 봄의 계절어다.

쓸 것은 '어떻게 생각할까'와 '어떻게 쓸까' 두 가지로 결정된다. 어떻게 생각할지는 누구든 바로 실천할 수 있다. 이 부분은 2부에서 다루었던 이야기다. 3부에서 다루는 '어떻게 쓸까'는 표현에 대한 것으로, 사람 개개인의 역량이 차지하는 비중이 크다. 그렇지만 일단 표현을 위해 갈고닦아야 하는 것은 상상력이다.

평상시에도 상상을 즐기는 사람은 글을 쓰는 실력도 금방 좋아진다. 상상력 키우기는 일상에서도 언제 어디서든 해볼 수 있다. '의인화'는 매우 간단한 상상력 훈련법이다.

일본인은 자연숭배의 민족인 것 같다. 분화나 지진, 바람을 두고 산이나 대지 그리고 바다도 '우리처럼 화내고 있다' 하고 생각하여 두려워하며 믿고 받들었다. 그래서 사람들에게 의인화는 매우 자연스러운 상상력 훈련이다.

'더 좋은 게 없을까', '더 재미있게 만들고 싶어' 하는 호기심이 있다면 얼마든지 아이디어를 낼 수 있다. 상상력을 기르면, 고민에 앞서 상식이라는 장벽을 가볍게 뛰어넘을 수 있다. 그리고 쓰는 즐거움이 생긴다.

주변에 있는 사물을 의인화하여 상상력을 키우는 문장을 써보자.

예 · 노트 씨는 ○○○하네요.

· 지우개야, ○○○하구나.

20

강조하고 싶은 점을
긍정적으로 표현하자

긍정적으로 바꾸어 말한다

내가 하는 일은 '말 바꾸기'라고도 할 수 있다. 더 정확히 말하자면 '좋은 방향으로 말을 바꾸는 일'이다. 그것을 그저 짧은 글로 쓸 뿐이다. 뭔가 한 가지, 한마디로 표현할 수 있으면 그것보다 더 좋은 말로 바꿔 말할 순 없을지 고민하며 찾아본다. 그것을 반복하다 보면 '아, 찾았다!', '이것 같아!' 하며 퍼즐 조각이 탁 맞춰지는 듯한 순간이 온다. 그 느낌이 올 때까지 계속해서 표현을 업데이트한다.

앞서 설명했듯 무엇이든 투입하는 것이 없으면 아웃풋도 없다. 한마디로 말하고 싶은 것에 마음을 사로잡히거나 강한 인상을 남기는 한방 혹은 참신함이 포함되기를 원한다면 '새롭게 전하겠다'라는 마음으로 사물을 바라봐야 한다. 자신에게서 기준을 만드는 것이다.

'그 전달법은 아직 아무도 안 쓴 것 같은데' 하는 새로움이다.

두 가지 예를 살펴보자.

> [예시1]   나다움을 드러내는 한마디를 생각하는 경우
> 원문: 좋은 사람이라는 말을 자주 듣는다.
>
> ⬇
>
> 수정안: 길을 잃은 사람에게 친절히 길 안내를 해주는 인간미

[예시1]에서 살펴본 두 문장이 전달하는 의미는 거의 같다. '표현'이 다를 뿐이다. 자신이 가장 전하고 싶은 말이 '인간성'에 대한 것이라면, '좋은 사람이라는 말을 자주 듣는다'라는 문장은 그저 설명문에 지나지 않는다.

어떻게 하면 나다우면서도 좋은 사람이라는 사실을 더 알기 쉽게 전달할 수 있을까.

세상에는 다양한 유형의 좋은 사람이 존재하므로 자신만 가지고 있는 '좋은 부분'을 전달할 만한 에피소드가 없는지 찾아봐야 한다.

'그러고 보니 사람들이 유독 나한테 길을 많이 묻는 것 같아. 길을 잘 안내하는 것은 좋은 사람이라는 것을 어필하는 좋은 요소가 되겠어'라는 확신이 들면서 '나는 사람들이 길을 물어 오면 친절히 알려준다'라는 문장이 떠올랐다.

하지만 이것만으로는 흘려듣기 쉽고 '좋은 사람'이라는 표현도 넣고 싶은데 수정된 문장에는 빠져 있다. 전달력을 높일 만한 방법은 없을까? 고민하다 보면 좋은 사람이라는 점을 전하기 위해 '대신 인간미라는 말을 문장 끝에 넣어보자!'라는 생각에 이르게 된다. 이를 반영하면 말하고자 하는 장점에 대한 이미지가 떠오르고 이해하기 쉬운 수정안 문구가 된다.

원문과 수정안 모두 한마디로 말하고 있지만, 더 구체적으로 이미지가 머릿속에 떠오르며 내용이 잘 전달되고 새로움이 느껴지는 것은 수정안 쪽이지 않은가?

신선한 인상을 전하라

[예시2] 손수 만든 인형을 한마디로 전하려는 경우
　　　　원문: 할머니가 만든 인형
　　　　　　　↓
　　　　수정안: 할머니가 낳은 아기

[예시2]에서 가장 전하고 싶은 말이 '손수 만든 따스함'이라고 하면 '할머니가 만든 인형'보다는 '할머니가 낳은 아기'가 확실히 더 인상적이고 신선한 인상을 준다. '할머니가 만든 인형'이라고 하면 너무나 평범하고 눈에 띄지 않는다. '그러면 놀라움을 주고 싶어! 할머니는 보통 바느질을 잘한다고 생각하니까 인형을 만들었다는 것이 놀랍지 않지. 그런데 인형이니까 낳았다는 표현도 재미있지 않을까? 할머니인데 출산이라니! 할머니가 낳은 아기가 인형이라는 표현을 들으면 깜짝 놀랄 것 같아. 거짓말이 아니라 진짜잖아!'

이것은 내가 문장을 떠올리는 사고회로다. 이 표현은 '삭몽키sock-monkey'라는 양말로 만든 원숭이 인형 광고에 실제로 쓰였다.

'말 바꾸기'라고 하면 간단하다고 생각할 수도 있지만, 대상이 더 긍정적으로 전달될 수 있도록 하는 '좋은 말로 바꾸기'가 포인트다. 목표는 '새로운 인상을 주었는가', '효과가 있는가'다. 막상 생각하기 시작하면 끝이 없는 것 같지만 아무도 본 적 없는 표현은 얼마든지 남아 있다. 그것이 표현의 즐거움이다.

세상을 바라보면 일상에서는 부정적인 말이 많이 쓰인다. 예를 들어 폭주족이 아니라 진주단珍走団(지극히 수치스러운 행위를 뜻하며, 폭주족을 비하하는 말)이라고 부르기도 한다. 고독사는 정말로 고독할까?

누구라도 죽는 순간에는 혼자이지 않을까?

　노안老眼은 듣기 불편한 말이다. 40대는 그렇게 늙지는 않은 것 같은데……. 또 뭐가 있을지 찾아보며 '긍정적인 한마디'로 바꿀 수 없는지 생각한다. 신선한 표현이 잘 전달되는지 검증하며 생각해 보는 것은 표현력을 기르는 좋은 뇌 훈련이 된다.

연습하기

긍정적인 의미를 담은 표현으로 바꾸자.

- 폭주족 ➡
- 고독사 ➡
- 노안 ➡

21

상상력에
힘을 더하는 배려

배려하는 마음이 좋은 표현을 불러온다

표현력을 갈고닦으려면 어떻게 해야 할까. 내가 가장 추천하는 방법은 '배려하는 힘'을 기르는 것이다. 그게 무슨 요령이냐고 생각하는 사람들이 있겠지만 의외로 어려워하는 경우가 많다. 왜 배려하는 힘이 표현을 좋게 만들까. 상상력을 지탱하는 것은 배려하는 마음이며, 멀리 생각하는 것은 상상하기와 거의 같기 때문이다. 일 잘하는 사람, 잘나가는 비즈니스의 본질은 상대를 살피는 문화와 관계가 있는 것 같다.

어린 시절 인형이나 장난감을 거칠게 다루면 어른들에게 **"인형이 아파하잖아"**, **"장난감이 울고 있어"**라는 말을 듣기도 했고 자신이 아이에게 비슷한 말을 한 경험도 있을 것이다. 일본인은 벗나무 한 그루를 보면서도 인생의 무상함을 되새긴다. 외국인이 보면 굉장히 이상하고 신기한 광경이라고 한다.

"장난감도 인형도 사물이기 때문에 아프거나 울지 않는다. 벗꽃은 그냥 꽃이다. 살아 있는 것처럼 말하는 것은 이상하다" 하고 한 외국인이 진지한 표정으로 내게 말한 적이 있다.

오토바이를 좋아하는 중년 남성이 "우리 귀여운 ○○가" 하며 애마를 표현하는 것과 마찬가지다. 지인이 같은 오토바이 클럽 회원과 "안 타줘서 기분 상했대", "깨끗이 닦아주니까 기분 좋은지 엔진 소리가~" 등의 이야기를 진지하게 나누는 모습을 본 적 있다. 오토바이를 의인화하여 기쁜 듯 이야기하는 광경은 일본에서는 매우 자연스러운 일이다.

배려는 보통 '사람'에 대해 이루어지는 행위이다. 그것이 '사물'을 대할 때도 자연스레 살필 수 있는 문화가 자리잡혀 있으며 이는 표현의 가능성을 크게 넓힌다. 사물도 기뻐하고 슬퍼한다고 느끼는 것은 세상을 오로지 상식을 통해서만 바라보는 것이 아니라 자신만의 상상을 펼치고 있다는 증거다.

사물이 주어가 되면 표현의 폭은 무한해진다. 관점은 주어의 수만큼 넓어진다. 그것은 앞서 예로 들었던 산의 의인화와 같다. 살피는 힘이란 '만일 내가 ○○라면, 나에게 △△ 해주면 정말 기쁠 것 같아'라는 문장에서 '△△의 표현'을 상상하며 생각하는 것이다. 상상이 잘 안 된다면 배려심을 갖고 살펴보면서 다시 상상력을 부풀려 보자.

내가 말로 표현하는 대상은 주로 상품이나 서비스 등 처음부터 사람이 아닌 존재다. 음료 등에 대한 문장을 쓸 때 반드시 '만일 내가 그 상품이라면 어떨까?'라는 관점으로 생각한다. 칼피스의 '몸에 피스'도, WAON의 '기쁜 소리가 난다'도, '만약 내가 칼피스라면', '만약 내가 강아지 WAON이라면' 하고 필사적으로 상상했다. 목소리도 없는 사물에 마음을 기울이며 이야기를 전하고 싶다고 생각하는 것은 분명 아주 어린 시절부터 몸에 밴 특유의 방식이다.

한 명이라도 더 많은 사람에게 기쁨을 주고 싶다거나 상품이 맡은 바 사명을 다할 수 있도록 말로 그 존재의 빛을 밝히려면 배려하는 힘이 필요하다. 상품이나 기업 활동뿐만 아니라 상상력에 날개를 달아주는 배려하는 힘은 크리에이티브의 뿌리이자 원천이다.

표현은 자신의 안에 있다. 그것을 바탕으로 높은 퀄리티를 추구하면 마주하게 되는 것은 다름 아닌 나 자신이다. 한편 배려는 자신이 아닌 다른 사람이나 유형·무형의 사물에 적용하는 일이다. 글을 쓸 때야말로 대상을 면밀히 살피며 아예 몰두하는 편이 좋다.

순수 모드로 쓰자

극히 드물기는 하지만, '보편적인 표현'이 태어나기도 한다. 보편적이란 말은 모든 것에 해당한다는 뜻이다. 그래서 오래도록 사랑받고, 언제 봐도 좋다고 여긴다. 말은 늘 대상의 평가를 받지만 때때로 말이 그 사람들에게 오래도록 남기도 한다.

내 머리에서 나온 말을 모든 사람이 공감한다는 것은 정말 신기한 이야기다. 단 몇 글자의, 금방 셀 수 있을 정도로 짧은 말의 조합이 때로는 사람을 감동하게 만들기도 한다. 회의 장소에서 내가 쓴 문구를 듣고 눈물을 흘리는 사람도 있었다.

그 말을 어떻게 썼는지 묻는다면 몰두했다고밖에 할 말이 없다. 몰두했다는 것은 다른 일은 다 잊는다는 말이다. 그래서 기억하지 못한다. 하지만 더 깊게 생각해 보면 순수한 마음으로 썼을 뿐이다. 그저 상대방만을 위해 나를 소멸해 가며 쓴다. 결코, 간단한 일이 아니지만, 그것이 가능하게 되면 반드시 모두가 좋다고 생각할 한마디를 쓸 수 있게 된다.

어른이 되면 순수하기가 어렵다. 여러 가지 지혜를 갑옷 삼아 자기 자신을 지키려 하기 때문이다. 그렇다고 해서 순수한 자신이 사라지는 것은 아니므로 '순수 모드로 쓰는 것'은 분명 가능하다. 몸으로 깨닫고 몸으로 쓰는 것이 이상적이다.

순수 모드로 쓰지 않으면 '머리로 쓰는 것'과 같다. 이는 좀 더 이성적인 상태다. 지금 이 원고를 쓰고 있는 동안에는 독자가 글을 잘 쓸수 있기를 바라는 순수한 나와 글을 어떻게 써야 하는지 방법을 설명하는 이성적인 내가 왔다 갔다 한다. 짧은 한마디를 쓸 때는 순수하게 집중 또는 열중한 상태라고 할 수 있다. 프로 스포츠 선수와 같은사람들을 보고 있으면 열중한 내 모습과 비슷하다는 생각을 종종 하곤 한다.

연습하기

소개해야 할 대상을 의인화해서 써보자.

예　• 인형이 아파한다.

　　　• 장난감이 울고 있다.

22

문장을 다듬는
5가지 기준

계속해서 보여주고 의견을 묻는다

쓸 말을 찾았을 때 내가 중요하게 생각하는 일이 있다. 그것은 써낸 문장을 고집하지 않는 것이다. 나 혼자 생각했든 다 함께 궁리해서 문장을 찾아냈든 언제나 마찬가지다.

그 문장을 찾아낼 때까지 많은 시간이 걸렸을 것이다. 고민하고 생각하며 익숙하지 않은 씨름을 하는 과정을 통해 나온 한마디이기 때문에 애착이 강해지는 것은 당연하다. 그렇다고 해도 그 문구에 집착하지 않는 것이 매우 중요하다. 그것은 더 좋은 문장으로 바뀔 수도 있기 때문이다.

'생각할 공백'은 남겨두어야 한다. 본인 이외의 제삼자에게 결정권이 있다 해도 그 사람이 꼭 지금의 표현 중에서 결정해야 하는 것도 아니고 나 스스로도 변경할 여지가 있다는 것을 알아야 마음에 여유가 생긴다. 얼마든지 머리에 떠오르는 대로 감상을 들려달라고 하자. 나도 그 말을 어떻게 생각해 냈는지 사고회로를 보여주듯 이유를 충분히 설명해야 한다.

이야기를 나누다 새로운 표현의 가능성이 있다고 느끼면 그 자리에서 바로 수정할 때도 있다. 미팅은 그 문장이 정말 좋은지 검증하기 위해 모인 자리이므로 "역시 이 문장이 좋네요!"라고 확인하는 것도 중요하다.

문장이 완성된 단계에서 체크해야 할 사항은 다음과 같다.

❶ 문제가 해결될 것 같은가?
❷ 제일 하고 싶은 말을 하고 있는가?
❸ 말에 임팩트가 있는가?
❹ 대상에 적합하며 그 특성이 잘 드러나는가?
❺ 자신도 상대방도 납득할 수 있는가?

❶의 '문제가 해결될 것 같은가'라는 문장이 의미하는 것은 그 한마디가 목적을 완수할 것 같은지, 효과적으로 기능하는지를 가늠해 보

는 것을 말하며 이는 가장 중요한 요소다. 어떤 한마디는 의미 없는 표현일 수도 있다. 그것을 알기 위해서는 많은 사람에게 보여주는 것이 가장 빠르다. 가족, 동료나 친구에게 "어떻게 생각해?" 하며 반응을 보고 의견을 들으며 확인하는 작업을 거치는 것이다.

제일 하고 싶은 말인가

❷의 '제일 하고 싶은 말을 하고 있는가'에서는 생각해 낸 문장이 주종 관계의 '주'에 해당하는 말인가를 확인한다. 포스터에 있는 말은 대부분 비슷해 보이지만 사실은 주종 관계가 확실하고 목적도 분명하다. '주'는 '가자, 동북으로'처럼 제일 하고 싶은 말이다. '종'이 되는 말은 예로 들었던 '일본인이라면 온천, 재팬' 등이다.

종이 되는 말은 주를 전달하기 위한 캐치 카피, 후킹 문구(갈고리라는 뜻을 가진 'hook'에서 나온 말로 낚아채듯이 마음을 사로잡는 문구를 뜻한다) 등으로 계속해서 수정해도 되는 말이다. 이 방법 저 방법 모두 필요하다. 텔레비전 광고도 같은 구조이기 때문에 좋은 CF는 한 장면만으로도 알 수 있다는 의견도 있다.

상점가의 채소 장수가 '채소가 세상을 구한다'라는 뜻을 내세우려 할 때 "싸요, 싸~" 혹은 "잠깐만요, 손님~" 하는 호객 소리가 '종'이고 '주'는 '채소가 세상을 구한다'가 된다. 이렇듯 광고를 위한 문장에는 각각의 역할이 있으며 주종 역시 분명하다.

'주'가 되는 한마디는 계속해서 쓸 수 있다. 그 문장의 사용 유효기간은 '말의 효과가 없어질 때까지', '누군가가 이제는 좀 싫증난다고 느낄 때까지'다. 한번 생각해 내면 오래도록 쓸 수 있어 매우 유용하다. '가자, 동북으로'는 약 10년을, '몸에 피스'는 15년 이상 쓰이고 있다. 상품명 등의 네이밍은 그 실체만 사라지지 않으면 영원토록 쓸 수 있는 한마디다. 주가 되는 한마디만 있으면 후킹 문구는 어떠한 말이라도 괜찮다.

❸ '말에 임팩트가 있는가'는 생각해 낸 문장이 앞으로 기억에 남을 수 있는가를 묻는 것이다. 쓰는 사람은 이미 깊이 생각하고 있기 때문에 머릿속에서 깊게 각인되어 있을 것이다. 그것이 정말로 괜찮은 문장인지 시간을 들여 바라보길 되풀이해야 한다. ❶단계와 마찬가지로 다른 사람에게 보여주며 느낌을 물으면 더욱 깔끔해진다.

❹의 '대상에 적합하며 그 특성이 잘 드러나는가'는 완성되었을 때의 느낌을 말한다. 한마디가 훌륭히 완성되었을 때의 재미와 쾌감은 카피라이팅의 즐거움으로 이어진다. 다른 단계처럼 계속해서 타인에게 보여주자. 그때 "잘 쓴 것 같긴 한데, 그래서 무슨 말이야?"라는 의견도 있을 수 있다. 반면 "새로워", "우리 회사답네" 등의 감상을 받게 된다면 탁월한 문장이라고 할 수 있을 것이다.

행동으로 옮기게 하려면 먼저 납득시켜라

❺의 '자신도 상대방도 납득할 수 있는가'에 대하여 알아보자. 납득 정도는 매우 중요하다. 누구든 납득한 후에 앞으로 나아가려 한다. 자신의 업무나 인생의 갈림길 등과 관련된 중요한 한마디일 경우 더욱 그러하다.

그런데 '납득감'이란 대체 무엇일까. 이것은 매우 당연한 이야기로 사람들은 납득하기 때문에 지갑을 열고, 마지못해 수용하기도 하고, 공부도 일도 한다. 이 책을 읽고 있는 것도 뭔가를 얻을 수 있다는 기대와 납득감이 있기 때문일 것이다.

애초부터 나는 일하면서 내가 만든 문장을 상대방이 선택하도록 노력하려 하지 않는다. 선택받지 못할 것 같다면 채택될 문구를 다시 생각하면 된다. 재빨리 교체하는 편이 새로운 말을 찾는 시간을 아낄 수 있기 때문이다. 그렇다고 해서 시키는 대로 쓰지는 않는다. 높은 수준은 고수하면서 클라이언트와 나 자신이 납득할 수 있는 말을 쓸 뿐이다.

언제 봐도 납득할 수 있게 만들겠다는 생각을 염두에 두며 문장을 쓴다. 회의에서 '어떻게 되길 원하는지'를 그려보고 공유할 수 있으면 그것을 향해 집중한다. 원하는 모습을 실현하려면 이러한 생각이 필요하고, 시장은 이러한 경향이 있으므로 A와 B 방향이라면 가능하다 등 비교적 논리적으로 따진다. 표현의 제안 단계에서는 모두가 선택을 위한 기준을 공유하고, 선택할 수 있는 준비가 되어 있으므로 '그 정도면 괜찮다' 하며 순조로이 결정한다.

사업 규모가 커지며 주목도가 높아지면 이와 관련된 사람이 많아진다. 그만큼 관련된 사람 모두가 '납득할 수 있다', '공감이 간다'라고 생각하지 않으면 일은 진전되지 않는다. 수만 명의 직원이 근무하는 회사의 슬로건을 그 회사에서 일한 적 없는 내가 쓴다는 것은 어찌 보면 이상한 일이다.

사람을 움직이게 만드는 것은 납득 가능성이다. 납득하니까 구매하고 행동하고 계속해서 좋아한다. 납득 가능성이란 '무리가 없는 것'이다. 납득 가능한 말을 만들고 싶다면 자연스럽게 생각해야 한다. 그러면 어느 쪽이 좋은지, 그것을 위해 어떤 방향으로 나아가야 할지 차례차례 생각하게 된다.

일이든 인간관계든 진행이 잘 안 되는 것은 생각이 엉켜 있다는 뜻이다. 복잡한 생각의 실타래를 잘 풀다 보면 '그렇구나' 하며 깨닫게 될 것이다.

생각해 낸 한마디가 납득 가능성 있는 말, 다른 사람이 좋아하는 말인지 확인하고 그 이유를 들어보자.

23

말은 알아서
날갯짓한다

쓴 글을 보여주기가 창피하다고?

'글을 쓴다는 것은 발가벗는 것과 같다.' 이것은 나의 스승이 강연회 등에서 자주 이야기하는 말인데, 그 정도로 글쓰기라는 표현 행위가 쑥스럽고 부끄럽다는 뜻이다.

이따금 초등학생에게 카피라이팅을 가르치곤 하는데, 내가 수업 중 책상 주변을 돌아다니면 자기가 쓴 글을 필사적으로 가리려 하는 아이가 꼭 있다. 창피함을 느끼고 다른 사람의 눈을 의식한다는 것은 공동체에서 바르게 성장하고 있다는 증거겠지만, 매우 안타까운 일이다. 다른 사람이 자신의 글을 보는 것을 창피해하는 이유는 글을 통해 어떤 생각을 했는지, 자신의 머릿속을 들킨 것 같기 때문일 것이다.

하지만 일단 보여주기 시작하면 그런 걱정은 기우라는 것을 알게 된다. 엄청나게 잘 쓴 문장이라고 생각했는데 다른 사람도 비슷한 문장을 썼다든지 나중에 다시 보니 무슨 말인지 하나도 알 수 없는 문장이었다든지 할 때가 많기 때문이다. 세기의 대발견이라 칭할 정도의 문장이 존재할 리 없고 만약 정말 그런 것 같다면 **앞으로 계속해서 타인에게 보여주는 일이 중요하다.**

아이들이 앉아 있는 책상 주위를 돌다 보면 아직 문장이 되지 않은 '표현 조각'을 주울 때가 있다. 그것은 참신한 말의 조합 정도이지만 반짝거린다. 보통은 ○○라는 말이 오는데, 전혀 다른 말을 쓰는 경우다. 거기에 '나다움'의 조각이 있다.

정작 쓰고 있는 당사자는 알지 못한다. 그래서 더욱 사람들에게 자꾸 보여주는 것을 추천한다. 당신과 가까운 사이인 사람이 어떤 말에 반응하는지 주의 깊게 살펴보자. "괜찮네", "왜 그렇게 생각해?" 등의 대화를 시작하면 된다.

나는 내가 쓴 한마디를 고집하지 않는다. 오히려 나에게 프레젠테이션은 다양한 문구를 나열하여 반응을 기다리는 시간이며 세상에 나가 제대로 날갯짓할 수 있는 말인지 시험을 치르는 시간이다. 조금

앞선 미래를 여러 가지로 상상한다. 그 모습을 보는 것만으로도 너무나 행복하다.

지속적으로 업데이트하자

문제를 근본부터 해결할 수 있는 본질적인 생각은 그렇게 많지 않다. 그 생각을 짧은 문구로 표현해 냈다면 타인에게 많이 보여주자. 내세운 한마디는 현시점에서 가장 좋은 문장일 뿐이니, 누군가에게 보여줬다고 해서 두 번 다시 바꾸면 안 되는 것은 아니다. 그렇게 느긋한 마음으로 선보이고 반응이 어떤지 잠시 살펴보자. 그다음에는 상황에 따라 바꿔나가면 된다.

예전에 모 회사의 회사명을 개명한 적이 있다. 나중에 그 회사 관계자에게 듣기로 회사의 이름을 바꾼 지 얼마 지나지 않았을 때 사람들이 개명에 대해 축하하거나 "이 회사명에는 어떤 의미가 담겨 있나요?" 등의 질문을 해서 커뮤니케이션 부분에서 좋은 기회가 되었다고 한다.

워크숍을 통해 자기 회사의 슬로건을 만들었던 여성을 오랜만에 만났는데, 슬로건을 더 업데이트했다는 말도 들었다. 슬로건을 내걸어 봤더니 수정한 쪽의 전달력이 더 좋게 느껴졌다고 한다.

너무나 훌륭하다! 앞으로도 계속해서 문장을 업데이트하고 진화시키면 된다. 근본적인 부분이나 생각을 바꾸지 않으면서 표현을 더 낫게 변형시키는 것이다.

회사의 이름 등은 그렇게 간단히 변경할 수 없겠지만, 자기가 생각했을 때 그런대로 마음에 든다면 그 이름을 밀어붙이며 사람들에게 자꾸 보여주면 된다. 처음에는 불안할지도 모른다. 하지만 소리를 내서 말하고 반응을 확인하는 과정을 반복하다 보면 어느새 그 이름이 상품에 착 감기는 경우가 정말로 있다.

연습하기

자신을 표현한 문장을 한마디로 정리한 뒤 사람들에게 보여주고 그 의견을 모으자. 수정한 표현도 함께 적어두자.

24

트렌드를
내 편으로 만들자

'시대를 반영하는 말'을 의식하며 생활하자

이제부터는 문장을 선택하는 방법에 대해 설명하고자 한다. 여러분은 최근 10년 동안 사람들이 자주 쓰기 시작한 말과 거의 쓰지 않게 된 말을 어느 정도 알고 있는가. 나는 말을 전달하는 쪽에 있는 사람이어서 직업병처럼 말에 대한 의식은 비교적 높은 편이다.

예를 들어 '공유'라는 말을 살펴보자. SNS를 통해 이 말이 쓰이기 시작했을 무렵에는 이미 광고에서도 종종 보이는 말이었다. 이제는 전 세계적인 용어로 정착한 듯하지만, 옛날부터 쓰던 말과 비교하면 아직도 새로운 느낌이 든다.

이렇듯 시대성을 반영한 말은 캐치 카피에는 쓰이지만 오래도록 사용할 이름이나 슬로건 등에는 별로 채택되지 않는다. 시간이 지나면 결국 오래된 표현이라는 느낌을 줄 수 있고 애초부터 장점이 크지 않기 때문이다. 그렇게 세상의 말을 관찰하다 보면 자신이 표현하기 위해 찾아낸 문구는 물론 기존의 문장까지 다듬을 수 있다.

젠더, 웹3.0, Z세대, 가쿠치카*ガクチカ*(일본 취업 용어로 '학생 시절에 열심히 했던 활동이나 경험'의 줄임말)도 최근 사용되기 시작한 말이다. 어디서 어떤 말을 쓸지에 대한 선택권은 당신에게 있다.

새롭게 전달하는 표현을 갈고닦고 싶다면 신선하게 느껴지는 한마디를 수집하며 생활하자. 그리고 그 말의 동향을 지속적으로 확인해 보자. 이미 나와 있는 표현을 더욱 다듬고 싶다면 아마도 이 방법이 제일 효과적일지도 모른다.

이 표현은 어디에 쓸 수 있을까?

새로운 단어나 표현을 수집하고 싶다면 패션이나 문화계의 잡지, 웹 미디어가 가장 적합하다. 패션지에는 아직 의미가 완전히 확립되지 않은 용어가 많이 나오며 패션 자체가 트렌드에 민감하게 반응하는 장르이므로 새로운 단어를 발견하기에 딱 좋다.

동향 체크는 그 말이 시장에 잘 정착할지 주시하는 일이라고 보면 된다. 과한 신선함은 전달력이 떨어진다. 그중에는 수없는 반복 사용으로 시장 용어가 된 것도 있다. '누케칸抜け感(일본 패션 용어로 '있었던 혹은 있어야 할 것이 사라지다'라는 의미의 누케루라는 단어에서 유래했다. 완벽함을 추구하기보다는 어깨의 힘을 뺀 듯 편안한 분위기를 연출하는 스타일링을 의미한다.)'이 이에 해당한다.

내가 제안한 이름이 선택된 뉴스 프로그램 〈It!〉은 사실 잡지에서 발견한 표현이다. '주목해야 할 가방'이라는 뜻의 'It Bag'처럼 쓰이던 말이었다. 처음에는 무슨 뜻인지 이해하기 어려웠지만, 의외로 사람들이 자주 쓰는 말이라는 것을 깨달을 때쯤 프로그램명 제작 업무에 참여하게 되었다.

이야기를 들어 보니 '친근하지만 정확한 소식 전달을 통해 시청자에게 유용한 뉴스 정보 프로그램이 되면 좋겠다'라는 취지로 '쓸모 있는 뉴스'라는 점을 중요하게 생각하는 느낌이었다. 정보를 실생활에서 활용할 수 있다는 점에 현장의 공명이 일어났다. 그리고 뉴스는 사람들 모두가 "그거 봤어?", "그거 있잖아"로 이어지는 '그것'을 의미하므로 〈It!〉이라는 이름과 잘 어울린다고 생각했고 그대로 선택하게 되었다.

이처럼 나는 일상생활 속에서 수집한 새로운 표현을 활용하고 있는데, 카테고리는 크게 구분 지으려 하지 않는다. '○○한 이미지'라는 개념 안에 표현을 넣어 둔다.

'누케칸'이든 'It'이든 나의 일에 활용할 수 있을지도 모른다고 생각하며 말을 탐색한다. 그러고 나서 머릿속 서랍에 열심히 저장한다. 뿐만 아니라 내가 한마디로 만들고 싶은 문장에 전혀 색다른 분야에서 사용하는 새로운 표현을 가져온다. 그런 방법도 의외로 한마디로 만들기의 지름길이 되기도 한다.

연습하기

최근 새롭게 알게 된 단어나 표현들을 정리해서 적어보자.

25

듣기 좋은 소리가
좋은 소리를 듣는다

소리를 활용하자

카피 마감 전날은 언제나 여름방학의 마지막 날 같다. 며칠 전부터 쓰면서 '이렇게 하면 어떨까, 저렇게 하면 어떨까?' 하며 제안하기 직전까지 생각할 때도 많다. 나는 '써야 한다'와 '쓰고 싶다'는 마음이 혼재하는 느낌으로 컴퓨터 앞에 앉지만, 어떻게 쓸지에 대한 구상은 대체로 어느 정도 갖춰 놓은 상태다. 그리고 순서대로 글을 써 간다.

글쓰기는 말을 눈으로 확인하는 작업이다. 짧은 한마디지만, 막상 문자로 옮기고 보면 의외로 길게 느껴지거나 표현이 매끄럽지 않다는 생각이 들기도 한다. 그 외에 다른 좋은 표현은 없는지 등의 사항을 여러 가지로 확인한다. 구두점 위치도 이 시점에서 조정한다.

10자도 채 되지 않을 정도의 길이이므로 문장의 구조를 바꾸기도 하지만, 수없이 많은 구조만 만드는 것은 큰 의미가 없다. 따라서 쓸모 있는 부품을 준비한다고 생각해야 한다. 부품이 많을수록 조합의 검토도 수월해진다.

A나 A′, A″를 제안할 때 B나 C가 있어야 선택하는 쪽에서도 고르기 쉽다. 제안하는 문구의 나열은 절대적인 후보가 아니기 때문이다. 회의에서 새로운 조합이 나오기도 하는데, 그럴 때는 그 자리에서 직접 써본다. 전달하는 방식이나 듣는 사람에게 와닿는 부분에 대한 검증은 프로의 자세로 관여한다. 최종적으로는 '딱 봤을 때, 한눈에 들어오는 것'을 목표로 하기에 글자수에는 제한이 없는 듯 보이지만 사실은 존재한다.

광고는 눈으로 볼 수 없을 때도 있으므로 '소리'도 중요하다. 칼피스의 '몸에 피스peace' 역시 소리에 초점을 맞춰 구상했다.

칼피스는 일본인이라면 누구나 다 아는 브랜드이지만, CF에서 흘러나왔을 때 카피가 귓가에 맴돌면 더 좋은 장점이 될 것이라고 생각했다. '몸에 피스'는 칼피스라는 단어의 글자를 '카, 루, 피, 스('칼피스'의 일본식 발음)'로 분해하여 한마디로 만들었지만, 그것은 표면적인 이야기일 뿐이다. 칼피스의 '사람의 건강을 지킨다'라는 신념을 어떻게 다시 파악하느냐는 카피라이터의 실력에 따라 좌우된다.

'건강'은 평화로운(피스) 느낌과 신선한 인상을 준다. 몸을 뜻하는 말인 '카라다ヵラダ'에서의 '라ラ'와 카루피스의 '루ル'는 같은 '라행ラ行' 발음이다. 그렇게 생각이 발전하여 '카라다니 피스ヵラダにピース。(몸에 피스)'라는 한마디를 완성했다. 완성한 후에는 입으로 소리 내어 여러 번 말해본 뒤 TV에서 흘러나오는 것을 상상하며 검토했다.

물론 그 외에도 여러 가지 문구를 제안했다. 하지만 '카라다니 피스'라는 말에는 압도적인 소리의 강렬함이 있었다. 칼피스에 가까운 소리로 구성된 것은 두말할 필요도 없다. 다른 제안들이 올라왔을 때 받는 질문은 "어째서 그 문장을 칼피스가 내걸어야 하는가"였다. '몸에 피스(카라다니 피스)'는 회사명이 소리로 반영되었기 때문에 회사명 역시 귓가에 남는다는 효과도 있다. 그러한 이유로 높은 납득감을 얻을 수 있었다.

단번에 알아들을 수 있도록 짧고 이해하기 쉬워야 한다는 사실은 기본적인 전제조건이다. 소리도 활용할 수 있는 미디어(CF나 라디오)에서는 시간이 한정적인 탓에 문장의 길이가 너무 길면 흥미가 떨어지고 결국 그 광고는 오래도록 기억에 남지 못하기 때문이다.

마찬가지로 **많은 사람이 반복하여 부르는 이름 짓기 역시 소리가 중요하다.** 인간은 생리적으로 자연스럽게 느끼는 말소리가 있다. 또한 소리를 활용할 경우 사람들이 카피를 이야깃거리로 삼아 입소문이 퍼지는 것도 상상해 볼 수 있다.

한마디로 압축된 문구를 바라보며 온갖 상상력을 동원하여 생각을 되짚는 것을 반복해 보자. 그리고 이 문구가 왜 좋은지 설명을 보강한다. 그러다 보면 마음에 와닿는 말이 완성된다.

연습하기

완성된 표현을 몇 번이고 소리 내어 읽고, 더 매력적인 소리로 바꿔보자.

시대에 맞춰 '강조하는 방법'을 바꾼다

시장이 성숙해짐에 따라 상품이나 서비스가 더는 새롭게 느껴지지 않을 때, 고객이 모두가 아는 유명기업이 되었을 때, 한마디로 말하고 싶거나 기존의 말을 바꾸고 싶을 때가 있다. 그럴 때면 종종 나는 클라이언트에게 "기존의 문구를 바꿀 필요는 없어요"라고 말한다. 그 비즈니스가 오래도록 시장에서 받아들여져 지금을 이루었다고 하면 더욱 그렇다. 지금 하고 있는 일은 분명 사회적 가치가 있는 일이다.

문구를 바꿀 때 최선의 노력을 다하는 것은 중요하지만, 지금과 같은 상황이라면 굳이 궤도를 크게 수정할 필요는 없다. 그렇다면 어떻게 하면 좋을까.
변한 것은 '시대'이므로 가치를 조명하는 방법을 시대에 맞춰 바꾸면 되지 않을까? 시대는 가치관마저 바꿔 놓는다. 신종 코로나 바이러스 감염의 확대는 세계를 바라보는 관점을 넓히는 기회가 되었다는 것을 누구나 인정할 것이다.
장기간 계속된 사업이라면 애초부터 사회가 원하고 있기에 존속한다고 볼 수 있다. 하지만 인간이 원하는 것은 결코 크게 변하지 않는다. 그런 의미에서 '사업내용을 바꾸지 않고 강조하는 방법을 바꾸며 조금씩 변화를 시도한다'라는 개념에서 '가치를 새롭게 전달하는 것'은 얼마든지 가능하다.

예를 들어 베네세의 '아이챌린지'는 발매 이후 부모를 대상으로 한 커뮤니케이션을 구축하고 있었다. 내 아이의 성장에 도움이 된다는 맥락이다. 하지만 발매 후 30년 이상 지나고 맞벌이가 늘어나 핵가족이 고군분투하며 아이를 키우는 사회로 환경이 변화했다. 그래서 지금까지 도움을 주어왔던 육아 정보와는 다른 접근법이 필요하다는 생각에 '부모와 아이의 깊은 유대관계 속에 아이가 자란다'라는 '생각'을 제안했다.

베네세는 지금도 '부모와 아이가 함께'라는 생각으로 커뮤니케이션을 꾸준히 이어가고 있다. 현재의 사업내용을 바꾸지 않으면서도 강조점을 다시 파악하여 가치를 새롭게 전달한다는 것은 바로 이런 것이다.

사람들은 바꾼다는 말만 들으면 보수적으로 대하려는 경향이 있다. 내가 하는 일은 보여주는 방법을 바꿀 뿐이다. 회사의 존재 방식이나 사업내용을 바꾸고 싶다는 말은 하지 않았지만, 문장은 시대에 맞게 수정된다. 물론 그것을 받아들이기를 꺼리는 사람도 있다. 바뀌거나 바꾸는 것이 싫다고 해도 시대의 가치관이 크게 변하고 있다는 사실에는 주목해야 한다.

일본인도 '유연하게 받아들일 줄' 안다. 한자를 차용하여 일본의 음절 문자인 히라가나와 가타카나를 만들었고 '고쿠지国字'라고 하는 일본식 한자어도 만들었다. 그것은 가치를 바꾼 것이 아니라 가치를 더했다고 표현하는 것이 맞다. 지금까지의 유산에 새로운 가치를 더하고 시대에 맞춰 업데이트한다. 변화를 받아들일 수 있어야 세상에 살아남는 것 아닐까.

카피의 격을 높이기 위한 to-do list - 3부

[표현을 자연스럽게 만들기 위한 방법]

❶ 애써 잘 쓰려고 하지 않는다.

❷ 많이 쓰지 않아도 좋다. A4 용지 가로 방향으로 한 단어씩 나열한다.

❸ 자기만의 필터*로 걸러 낸 언어와 마주하여 그 문장을 조합하고 수정

하는 것을 즐긴다.

[문장을 다듬는 5가지 기준]

❶ 문제가 해결될 것 같은가?

❷ 제일 하고 싶은 말을 하고 있는가?

❸ 말에 임팩트가 있는가?

❹ 대상에 적합하며 그 특성이 잘 드러나는가?

❺ 자신도 상대방도 납득할 수 있는가?

＊자기만의 필터란 스스로 발견한 '본질'을 자신의 몸으로 여과하는 것, 즉 자신만의 언어로 쓴다는 의미다.

제 4 부

탁월한 한마디를
완성하는 나다움

26

나를 모르면
전달할 수 없는 것들

연결만으로는 통할 수 없다

많은 사람들은 **전달하는 것**을 고민한다. '말을 잘하기 어렵다', '그럴
싸한 말이 생각나지 않는다', '분위기 파악을 못해서 부적절한 말을
한다' 등. 인터넷이나 SNS는 '연결'이라는 기쁨을 가져왔지만 생각이
나 마음이 제대로 전달되었는지 고민하는 일도 늘어나게 되었다.

사실은 누구든지 **마음**이 이어지길 바란다. 글자로 표현된 말은 사
람이 사람에게 과거 혹은 미래로도 정보를 옮긴다는 뛰어난 장점이
있다. 하지만 글자로 표현하기 전의 본래 말은 정보 전달뿐만 아니라
마음을 통하게 하는 역할을 했을 것이다.

'통하다'라는 말은 '이어지다'와 같은 말이다. '마음이 이어지는 것'은 말이 있기에 성립한다. 상대방과 같은 생각을 하고 있었다는 사실이 기쁜 이유는 말을 통해 공감했기 때문이다. 인터넷이나 SNS는 '체감적인, 눈으로 보이는 연결'을 이해하기 쉽게 만들었다. 하지만 마음이 이어지려면 그것만으로는 어렵다.

이와 같은 시대적 흐름 속에서 지금도 사람은 마음의 연결을 추구하지만, 어느새부턴가 '마음'은 쏙 빠져버리고 '연결'만을 중시하는 듯하다. 인터넷 세계에서는 이미 말보다 영상이 먼저 퍼지고 있으므로 그렇게 된 것은 어찌 보면 자연스러운 현상일지도 모른다. 얼굴도 보이지 않고 서로의 분위기도 모른다. 성별도 나이도 국적도 자기 마음대로 정해서 살 수 있는 세계다.

그러한 의미에서 '불특정 다수에게 메시지를 정확히 전달한다'는 광고의 미션과 X(구 트위터), 인스타그램, 틱톡 등의 SNS는 매우 비슷하다. 광고는 발신자의 정체(광고주)를 공개하고 있어 차라리 더 나을지도 모른다.

무슨 말인가 하면 **인터넷 세상에서 '말을 전달'하려면 더더욱 나라는 사람을 제대로 파악해야 한다**는 말이다.

어렸을 때 좋아했던 것은 자신의 강점

제일 먼저 전하고 싶은 것을 파악하지 않으면 전할 방법이 없다. '무엇을 전하면 좋을지 모르겠어', '내가 어떤 사람인지 잘 모르겠고, 나에게는 장점도 없어' 하며 한탄하기 전에 좋아하는 것, 취미, 취향 등 뭐든 좋으니 자기다움을 한마디로 정리해 두는 것이 좋다.

어린 시절에는 지금보다도 훨씬 있는 그대로의 자기 모습을 가지고 있었을 것이다. 그때 좋아했던 것이 무엇이었는지, 자기가 어떤 아이였는지는 매우 좋은 힌트가 된다.

연습하기

어렸을 때 좋아했던 것을 떠올려 보자.

27

생각은 말로 옮긴 후에야
비로소 전달된다

뇌는 서로 연결되지 않는다

'말하지 않아도 안다'라는 미학. 그 근사함은 이미 과거형이 되었다. 일본인은 어째서인지 일본인끼리는 말하지 않아도 알 수 있다고 여겨왔고, 지금도 그렇게 생각하는 사람이 꽤 많은 듯하다. 회사나 학교, 가족 등 다른 사람과의 관계 속에서 일어나는 갈등을 객관적으로 관찰해 보면 갈등의 대부분은 커뮤니케이션에서 기인하며 '말하지 않은 것'이 원인인 경우도 상당히 많다.

'보통은 말하지 않아도 알지 않나?', '그렇게 말하면 알아들어야지' 등의 불만을 떠올려 보면 여러분도 대충 짐작이 갈 것이다.

사람들은 분위기를 살피며 암묵적으로 동의한다. 화자가 먼저 정확히 말로 표현하려고 노력하지 않고서 상대방의 반응에 매사 민감하게 반응하는 것은 조금 비겁하다는 생각이 든다.

말로 표현하려는 노력이라고 하면 왠지 거창하게 들릴 수 있지만, '전달하자!', '전해야 해!'라는 생각부터 시작할 것, 그 정도면 된다. '말하지 않아도 분명 잘 알아들었을 거야'라는 생각은 어불성설이다. 이심전심 같은 것은 연인이나 부모 자식 사이에서도 어려운 일이다. 왜냐하면 자신과 다른 사람의 뇌는 연결되어 있지 않기 때문이다.

이야기가 잘 통한다고 느끼는 다른 사람과 이야기하고 있으면 '혹시 나와 너의 뇌가 연결된 것일까?' 하고 생각할 때가 있다.

하지만 다른 사람의 뇌는 나의 뇌와 연결되어 있지 않다. 이것을 마음에 잘 새겨두면 실망, 화, 짜증 등의 감정도 점점 작아지고 마음이 편해진다. **말하지 않고 전하지 않은 것들은 전달되지 않으며 상대방이 알 리가 없다.**

전제만 알면 자연스럽게 '확실히 전달해야 한다'라는 사고가 자리잡게 된다. 그것은 머릿속 생각을 언어로 만드는 것이므로 3부에서 언급했던 마음 일기 쓰기 훈련이 큰 도움이 된다. 그리고 무엇인가를 전하려 하는 사람을 바로 눈앞에 두면 사람은 자연스레 '알고 싶다'고 생각하게 된다.

누구든 사람은 모두 다르다. 세포·유전자 단계부터 이미 그렇게 설계되었다. 그래서 완전히 똑같은 것은 애당초 존재하지 않는다. 저명한 뇌과학자이자 해부학자인 요로 다케시 교수는 저서와 강연을 통해 "인간과 동물의 결정적 차이는 '같다'라는 개념의 유무"라고 밝히고 있다. 나는 이 이야기를 듣고 '공통점이 있어서 좋다'라는 말은 본래 사람을 대상으로 하며 '각자가 모두 달라서 같은 것을 발견하면 기뻐한다'는 사실을 깨달았다. 하지만 일본의 긴 역사에는 '사람은 저마다 다르다'라는 중요한 전제가 빠져 있는 것 같다.

한편 다른 나라 아이들이 학교 수업에서 가장 먼저 배우는 것은 '다른 사람과 나는 다르다'라는 것이라고 한다. 피부나 머리색, 사용하는 언어도 인종도 다양하다는 사실을 이해해야만 '전달하는 일'을 열심히 하고, 상대방을 '존중'하는 법도 배운다. 매우 중요한 개념이다.

긍정적인 말은 어디에서든 환영받는다

지인 중에 '정말 기쁘다'라는 말을 입버릇처럼 하는 사람이 있다. 마치 인사하듯 말한다. 솔직히 자신이 지금 기쁜지 아닌지는 굳이 말하지 않아도 되는 말이다. 어쩌면 상대방도 이미 충분히 알고 있는 사실일지도 모른다. 하지만 그 사람은 일일이 이야기한다. 그 모습을 보면 정말로 그렇게 생각하고 있다는 것이 전해지는 듯하다. 그 말을 듣는 사람은 모두 쑥스러워하면서도 함께 기뻐하는 것 같다.

긍정적인 한마디는 어디에서든 환영받는다. 어렵게 생각할 필요도 없다. 우리의 뇌는 서로 연결되어 있지 않으므로 자꾸자꾸 말하자.

'고마워', '기쁘다', '다행이다', '좋아!', '맛있네' 등 사소한 한마디를 표현하면 상대방에게 그 감정이 전달된다. 주변 사람의 눈에 당신은 '항상 행복하고 즐거운 사람'으로 비치고 있을까. 작은 한마디가 상대방과의 관계성을 키워준다. 그렇게 생겨난 미소는 점점 세상에 퍼져나간다.

연습하기

오늘 있었던 일 중에서 한 가지 기억나는 것을 긍정적인 한마디로 표현하고 주변 사람의 반응을 기록해 보자.

설렘 모드로 생각하자

지금 생각하면 내가 말을 잘 조각하려고 노력할 때는 어째서인지 항상 책상에 앉아 있었던 것 같다. 너무 어렵게만 생각하게 될 때는 일단 카피를 쓰는 사람으로서의 정체성을 약화시킬 필요가 있다. 판매자가 아니라 구매자가 되어 보고, 초기화하여 원점으로 돌아가 생각한다.

아이를 키우며 깨달은 것이 있는데, 아이는 인풋이 없으면 아웃풋이 불가능하다. 어려운 것을 투입하면 어렵게 생각한다. 어른 역시 마찬가지다.

그나마 애초에 답도 어렵게 요구하는 질문은 괜찮다. 하지만 어려운 것을 알기 쉽게 전달해 달라고 요구하는 일에서는 괜찮지 않다. 더구나 상대방의 마음을 설레게 하거나 흥미를 부여하려고 한다면 더욱더 뇌의 '어렵게 생각하는 모드'를 끄는 것이 중요하다. 스스로 마치 아이처럼 설레는 마음으로 생각하지 않는 한 자신이 바라는 한마디를 찾아내기란 쉽지 않다.

프레젠테이션이나 문서로도 무언가 전하고 싶은 것이 있다면 초등학생에게 전달한다고 생각하며 검토해야 한다. 초등학생은 지루한 것에 대해 매우 냉정하다. 지루함이 느껴지는 즉시 옆 친구와 떠들기 시작한다. 하지만 재미있으면 눈을 반짝이며 열심히 듣는다.

사람의 흥미를 모으며 미디어를 휩쓸고 있는 사람들은 자신이 먼저 아이처럼 설레고 재미있어 하며 이야기하는 듯 보인다. 그들이 어려운 단어를 쓰지 않는 이유는 아마도 더 많은 사람에게 전하고 싶기 때문일 것이다. 어깨힘을 빼고 이해하기 쉽게 전달한다. 그래서 듣는 쪽에서도 이야기를 들으면 가슴이 두근거린다. 그들이 인기 있는 이유는 바로 그것에 있다.

　직장에서든 학교에서든 우리는 늘 다른 사람과 함께 한다. 과학은 끊임없이 발전하고 있지만 인간만은 진화하지 않고 정체되어 있는 듯하다. 많은 것을 담지 않아도, 어렵게 생각하지 않아도 감정은 그대로 느낄 수 있다.

　'재미란 무엇일까?' 하고 어렵게 생각하지 않아도 재미있으면 이미 웃고 있지 않은가? 어렵게 생각하기 시작하기 전의 어릴 적 감각은 우리 모두 원래부터 갖고 있다. 그 느낌으로 생각해 보자. 프레젠테이션은 '설렘 전략'이다. 탁월한 한마디도 그 연장선에서 만들 수 있다.

28

잘나가는 경영자일수록
자신만의 말을 갖고 있다

문제를 파고들면 나만의 차별점이 된다

우수한 경영자일수록 자신의 말을 갖고 있다. 그 말은 '자신의 말로 언어화할 수 있을 뿐만 아니라 최적의 해답에 도달할 수 있다'라는 의미다. 그것은 이 책이 지향하는 바이기도 하다.

하나마루 학습회(어린이를 대상으로 예의범절부터 놀이까지 가르치는 독창적인 수업 방식의 학원)를 설립한 다카하마 마사노부 대표도 그중 한 명이다. 설립할 때 만든 '스스로 밥을 먹을 수 있는 어른으로 키우자'라는 슬로건은 학부모들에게 큰 지지를 받았다.

한마디 말로 학습회의 지도 방침을 전달하고 아이들의 학원 입학까지 유도한다. 이 한마디는 마치 우수한 경영자처럼 기능한다. 매우 이상적인 슬로건이다. 이 슬로건을 고안한 것은 다카하마 대표다. 운이 좋게도 대표를 직접 만나서 '스스로 밥을 먹을 수 있는 어른으로 키우자'라는 슬로건을 어떻게 떠올렸는지 물어볼 기회가 있었다. 내가 정말 알고 싶었던 내용은 사실 '어떻게 해서 떠올렸는지'가 아니다. '내가 하는 일과 무엇이 같고 무엇이 다른지'를 확인하고 싶었다. 얻어낸 대답은 딱 내가 생각했던 그대로였다.

'스스로 밥을 먹을 수 있는 어른으로 키우자'라는 말을 어떻게 떠올렸을까? 그 답은 '문제를 깊게 파고들기'였다. 교육자답게 이해하기 쉬운 답변에 무릎을 '탁' 쳤다. 문제를 깊게 파고든다는 것도 문제의 뿌리에 다가가는 것이며 문제의 본질을 찾는 것과 거의 유사하다.

본래 다카하마 대표는 어린이 교육과 관련된 일을 하고 싶었는데, 학원 설립 당시, 은둔형 외톨이가 사회문제로 대두되고 있었다. 그리고 은둔형 외톨이는 성적과는 상관이 없다는 사실도 알게 되었다고 한다. 일반적으로 학원을 통해 성공시키고자 한다면 '지망학교 합격'의 실적을 늘리는 편이 빠를지도 모른다. 하지만 아무리 실적을 쌓아도 '은둔형 외톨이가 없는 세상 만들기'라는 목적은 이룰 수 없겠다는 생각을 했다고 한다.

'은둔형 외톨이가 없는 세상을 만들고 싶다면, 지망학교 합격을 목표로 둬서는 안 된다. 그렇다면 스스로 밥을 먹을 수 있는 어른, 즉 자립적인 어른으로 키우면 되지 않을까.' 이렇게 꼬리에 꼬리를 무는 생각을 하고 나니 '스스로 밥을 먹을 수 있는 어른으로 키우자'라는 한마디가 매우 자연스럽게 떠올라서 어떤 슬로건을 선택할지 깊게 고민할 필요도 없었다고 한다.

부모님들의 이야기를 듣고, 슬로건을 만들기까지의 과정은 나의 '한마디를 만드는' 과정과 거의 흡사했다. 자연스럽게 말이 떠올랐다는 것은 생각한 것과 느낀 것을 제대로 된 언어로 바꾸는 힘이 있다는 증거다.

은둔형 외톨이인 아이 때문에 고민하는 부모를 그저 개인의 문제로 보지 않고 사회 전체의 문제로 파악했다. 그리고 다카하마 대표의 시선을 통해 '그렇다면 스스로 혼자 밥을 먹을 수 있는 어른으로 키우면 된다'라는 한마디가 되었다.

하나마루 학습회는 그 한마디를 교육 신념으로 삼아 학원 경영을 비롯하여 수많은 이벤트, 여름 캠프나 음악 콘서트 등에도 힘을 쏟고 있다. 그리고 신종 코로나 바이러스로 학생들의 출석이 어려워졌을 때는 매우 빠르게 온라인 교실을 만들어 개강했다. 어떠한 상황이라도 선생님들이 시행착오를 겪으며 최적의 해답을 찾아가는 모습이 진정 스스로 밥을 먹을 수 있는 어른의 본보기라는 생각이 들었다.

이상을 담은 슬로건은 사업을 빛나게 한다

하나마루 학습회가 '스스로 밥을 먹을 수 있는 어른으로 키우자'라는 교육 신념을 바탕으로 학원을 운영한 지도 벌써 30년 정도 되었다고 한다. 그 한마디는 꾸준히 고객을 모으는 누구보다 우수한 영업사원이다. 그리고 함께 하려는 동료를 늘려 하나마루 학습회의 사업을 계속 빛나게 한다. 매우 이상적인 슬로건이다.

경영자는 사람을 남겨야 일류 리더라고 하는데, 다카하마 대표가 가르치는 스스로 밥을 먹을 수 있는 어른으로는 자사의 직원, 저술 활동과 강연 등을 하는 선생님 사원도 포함되니 꽤 많은 사람을 남기고 있다.

한마디로 만드는 것은 누구라도 할 수 있다. 사회에 대해 문제의식을 느끼고 그 문제의 뿌리에 접근하는 것을 여러분도 꼭 해보길 바란다. 지구상에는 많은 과제가 쌓여 있다. '내가 하고 싶은 일'과 '내가 할 수 있는 일'이 같다면 그 일은 자신에게 천직이다.

물론 두 가지가 갑자기 같아질 수는 없다. 문제를 향해 계속해서 파고들다 보면 자기가 할 수 있는 것이 분명 보이기 시작할 것이다.

자신이 할 수 있는 일 중 세상 사람들을 행복하게 만들 수 있는 일을 생각해 보자.

예 • 플라스틱 쓰레기를 줄이기 위하여 에코백 사용하기

• 곤란에 처한 사람 돕기

29

나다운 한마디가 모두를
이롭게 한다

나만 좋은 것은 팬을 만들 수 없다

라이스 워크Rice Work인가 라이프 워크Life Work인가. 일하며 돈을 버는 것을 이렇게 표현하기도 한다. 여러분은 '라이스(돈)'를 위해 일하는가, 아니면 '라이프(보람)'를 위해 일하는가. 돈 벌려고 일한다는 사람도 있겠지만, 입사한 지 얼마 안 되었을 때는 '이런 제품을 만들어보고 싶다', '사람들에게 도움이 되고 싶다', '사람들이 좋아할 만한 상품을 만들고 싶다'라는 설렘과 함께 사회인이 된 사람도 분명 많을 것이다.

그렇지만 한번 조직 안에서 일하기 시작하면 회사의 이익만을 위해 많은 시간과 노력을 쏟게 된다. 그것이 각자의 평가와 보수로 직결되기 때문이니, 어쩌면 변하는 것은 당연할지도 모른다.

다양한 부류의 사람과 함께 일하며 느낀 점이 있는데, 맨 처음 일을 시작했을 때 가졌던 마음 따위는 진작에 잊어버리고 정작 중요한 뿌리는 사라진 채 그저 앞으로만 전진한 사람이 더 많다는 것이다.

개인이나 기업이 내보이는 메시지를 보고 있자면 '자신들만 잘 되면 되고, 돈만 많이 벌면 된다'라는 생각과 '판매자가 이익을 보는 것'만을 추구하는 것처럼 느껴진다. 나는 슬로건이나 상품명을 만들거나 광고 제작에 참여하는 등 어떤 일을 하든 이왕 소통을 시작했으면 팬까지 창출하자는 마음가짐으로 일한다.

'우리만'이라는 생각을 가진 브랜드에 팬이 형성될 리가 없다. 아무리 포장해도 가치관은 반드시 말이나 태도에 드러나기 마련이다. 사람들은 매우 냉정하게 어느 회사를 응원할지 따진다.

시대의 흐름은 '나만'이 아니라 '모두'

일본이 코로나 뉴스로 전전긍긍하기 시작한 2020년 초봄, 각 기업이 추구하는 자세를 살펴볼 수 있었다. 지역 내 마스크나 알코올 소독제가 순식간에 품절되고 있었는데, 당시 내가 다니던 피트니스 센터는 상당히 빨리 알코올 소독제나 체온계 등의 설비를 마련했다.

그 후, 휴관하는 날도 있었지만 '역시 여기로 다니길 잘했다'라고 생각할 만큼 대응이 훌륭하다고 느꼈다.

그 피트니스 센터의 광고 문구는 '스포츠는 즐겁다'였다. 코로나 바이러스를 향한 진지한 대응과 자세는 스포츠를 안심하고 즐길 수 있는 대상으로 인식하게 만들었다. 코로나 이슈로 초반에는 탈퇴하는 회원도 많았기 때문에 혹여라도 운영자 측이 '나만 괜찮으면 된다'라고 생각했다면 회원들을 그만두지 못하게 할 방책만 세우고 있었을 것이다.

하지만 내가 다닌 피트니스의 운영자는 스포츠를 즐기는 장소를 제공하는 것에 대한 책임감을 갖고 철저히 노력하는 것이 느껴졌다. 만약 '스포츠는 즐겁다'라는 한마디가 없었다면 나는 그러한 시선으로 피트니스 센터의 코로나 대책을 바라볼 수 없었을 것이다. 호감을 갖고 팬이 된다는 것은 바로 이런 것이다.

기업이든 개인이든 자신만 좋으면 된다는 생각은 낡은 사고방식이다. 코로나 바이러스로 거리두기를 할 때 우리가 얻은 것은 '나만 괜찮으면'이 아닌, '거리를 두는 것은 다른 사람을 위해서이기도 하다는 믿음'이지 않을까.

긍정적으로 생각하는 연습을 하면 '주어가 자신이 아니라 모두'라는 발상을 가질 수 있다. 생활에 그 감각을 더하기만 해도 우리가 얻는 것은 더 커진다. 판매자만이 아닌 대가를 지불하는 구매자는 물론 주위 사람, 세상 사람 모두가 행복해지는 것을 얼마만큼 상상하고 신경 쓰고 있는지가 번창하는 비즈니스의 본질이라고 할 수 있다.

앞서 이야기한 것처럼 미래를 중요시하는 마음과 함께 '지구 환경을 향한 의식', '지속 가능한 사회' 등 장기적 관점에서 바라본 '시간축'이 더해지면 비즈니스는 더욱 견고해진다. 적어도 팬을 구축하고, 팬들이 응원하게 만드는 기업이나 단체가 될 수 있을 것이다.

자기가 내세웠던 진심으로 믿을 수 있는 한마디는 그 자리에 계속 있다가, 때가 되면 태양처럼 스스로 빛난다. 주위의 소중한 사람부터 만난 적 없는 사람에게까지 영향을 준다. 꾸준히 빛을 내는 한마디를 발견하면 그곳을 향해 열심히 앞으로 나아가면 된다. 사람도 기업도 활기가 넘치면 어찌해야 할지 망설이는 일도 없어진다.

> **연습하기**
>
> 자신이 좋아하는 기업이나 상품이 있다면 그 이유를 생각해 보자.

만약 자신이 한 그루의 나무라면

일본어로 '말'은 고토노하言の葉라고도 표현하는데, 단어에 '葉'라는 글자를 사용하는 이유는 무엇일지 의문을 품어본 적이 있다. '葉'는 나무에 붙어 있는 잎을 의미한다. 그 어원에는 여러 가지 설이 있는데, 《일본국어대사전 제2판》에 흥미로운 해석이 있었다.

❷ 고토노하. 하葉는 말의 번영을 뜻한다-와쿤노시오리(일본 최초의 근대 국어사전). ❸ 추상적인 '것'을 의미하는 고토事에서 생겨난 말이며, '하'는 나무에 따라 특징이 다르듯 이야기하는 것에 따라 사람을 판별할 수 있다는 의미다-와쿠게(일본 최초의 어원사전).

'이야기하는 것에 따라 사람을 판별할 수 있다'라는 말이 재미있다. 이 이야기는 '만약 사람이 한 그루의 나무라면'이라는 상상을 하게 한다. 당신이라는 나무에는 지금 잎이 많이 자라고 있는가. 그 잎은 어떠한 모양인가.

나무는 잎을 기르며 성장한다. 잎이 많이 달린 나무는 읽고, 쓰고, 듣고, 이야기하는 '말의 주고받음'이 잘 자리 잡은 듯 보인다. 독자 여러분이 '좋은 한마디를 만들고 싶어 하는 것'은 마치 '좋은 이파리를 몸에 붙이려고 하는 것'과 같다. 자신을 나타내는 한마디라면 더욱 그러할 것이다.

마음에 드는 한마디가 생각났다면 그것은 분명 '자신의 중요한 무언가를 전달하는 잎'이라고 할 수 있다. 기다란 나뭇가지에 머물러 있다가 흥미를 느낀 사람들이 몰려들면 탄성을 내거나 혹은 '좋다' 등의 표현과 같은 커뮤니케이션이 생긴다. 전달하고, 전달되는 순환 과정을 거쳐 당신이라는 나무의 줄기들은 점점 성장하며 커다란 나무가 된다고 생각할 수도 있지 않을까.

그래서 당신이라는 나무에게 '태양'은 무엇인가. 어린 시절 우리는 보호자가 태양이다. 어른이 되면 어떠한 태양(일)을 향해 가지를 뻗어 가고 나뭇잎을 자라게 할지, 사람은 선택할 수 있어서 좋다.

나에게 태양은 누군가가 기뻐할 만한 '한마디'를 쓰는 것이었다. 그 한마디를 전하면서 사람이나 상품이 더욱 빛나는 것이 기뻐서 지금도 열심히 일하고 있다. 맑은 날도 흐린 날도 있었지만, 어떻게든 여기까지 왔다는 점에서 진심으로 감사하고 행복하다.

말이 어렵다고 생각하기 시작하면 정말로 어렵게 느껴진다. 그래서 말의 문을 점점 닫는다. 하지만 말은 친절하다. 얼마든지 이해하기 쉽게 만들 수 있다. 그래서 전달된다. 말과 관련된 일의 본질은 그곳에 있다고 믿는다. 말을 포기하지 않았으면 좋겠다.

겨울의 고목처럼 보이던 오래된 나무가 봄이 되면 놀라울 정도로 부드럽고 작은 새싹을 만들어 낸다. 그것은 사람도 마찬가지다. 나이를 먹어도 오래된 나무에 붙어 있는 어린잎처럼 부드러운 마음을 우리도 아직 가지고 있다. 그리고 말이 있기에 그것을 밖으로 표현할 수 있다. 앞으로 어떠한 말들을 만나게 되느냐에 따라 자기 자신도 시시각각 변화해 갈 것이다. 그것을 평생에 걸쳐 즐길 수 있다면 굉장히 멋진 일이지 않을까 싶다.

30

나다운 한마디는
브랜드의 시작

자신을 브랜드로 만들자

'브랜드란 손에 넣는 것'이라고 생각하는 사람이 많지만, 나는 '브랜드는 만들어 가는 것'이라고 생각한다. 더 정확히 말하면 브랜드는 시간을 들여 '되어 가는 것'이다.

누구나 다 알고 있는 일류 브랜드도 분명 처음에는 세상에 아무도 아는 사람이 없던 작은 가게였을 것이다. 그렇게 생각하면 당신도 브랜드가 될 수 있다는 말이 된다.

딱히 브랜드가 되고 싶지는 않다고 생각할지도 모르겠지만, 브랜드란 '다른 무엇으로도 대체할 수 없는', '유일하기에 모두가 원하는' 것이기도 하다. 세상에 똑같은 사람은 존재하지 않으므로 이왕이면 브랜드가 되는 것을 목표로 삼는 쪽이 낫다.

물론 퍼스널 브랜딩을 목표로 삼는 것도 목표로 삼지 않는 것도 개인의 자유다. 스스로 자신을 일류라고 칭하지 않는 것과 같은 마음일 것이다. 세계적으로 유명한 브랜드일수록 자신들을 '브랜드'라고 말하지 않는 경향도 있다고 한다. 그러나 브랜드냐 아니냐를 결정하는 것은 자신들이 아니라 세상이다.

앞서 설명했듯이 자신을 설명하는 한마디를 만들기 위해서는 제일 먼저 자신만의 잣대를 세워야 한다. 다른 사람의 평가는 그다음이다. '나'라는 브랜드도 이와 같다. 자신이 소중히 여기는 것을 한마디로 만들어 보여주고 그다음에는 세상에 맡겨라.

세상이 좋다고 생각하면 팬이 생길 것이다. 하고 있는 일, 사고방식, 말과 행동이 점점 멋지다고 생각하면 계속해서 팬이 되어 응원하고 싶다는 사람이 늘어날 것이다. 그러한 팬들에게 다른 무엇으로도 대체할 수 없고 없어서는 안 될 존재라는 생각을 심어준다면 브랜드는 저절로 만들어진다.

어디까지나 기준은 자신에게 있다

당신의 행동이나 말로 자신을 브랜드화할 수 있다. 따라서 자기가 무엇을 좋아하고 무엇을 기준으로 살아가고 있는지 정리해 보자. 베스

트셀러가 된《하고 싶은 일이 뭔지 몰라서 고민하는 너에게》의 저자이자 마케터로 활약하고 있는 모리오카 쓰요시는 저서에서 명확하게 자기 브랜딩을 의식했다고 밝혔다. 자신이 무엇을 취하고 버릴지 선택한다. 그것이 주위 사람들에게 어떻게 보일지는 브랜딩을 기준으로 하여 행동으로 바꿔갔다고 한다.

이 이야기는 다른 사람의 평가를 신경 써야 한다는 말이 아니다. 취사선택에 따라 내려지는 주위의 평가를 냉정하게 상상하며 가늠하자는 말이다. 언제나 기준은 자신이다. 일단 해보겠다고 마음먹었으면 그다음은 무아지경에 빠질 일만 남았다.

퍼스널 브랜딩은 '당신이 없으면 시작할 수 없고', **'당신이 있어서 다행이다'**라는 말을 듣는 것을 목표로 한다. 독자 여러분은 '이름'이라는 멋진 한마디를 가지고 있고, 처음부터 다른 사람으로 대체할 수 없는 유일무이한 존재다. 다음은 일로서 세상에 도움을 주는 상상을 하며 끝까지 정진하면 된다. 지름길은 바로 그곳에 있다.

당신이 좋아하는 것을 기록해 보자.

예 가족과 함께 웃으며 지내는 것

고객이 행복해하는 것

:

'브랜드'를 한마디로 말하면?

많은 사람들이 '브랜드'라는 말을 제대로 이해하고 사용하는 것 같지만, "브랜드가 뭐라고 생각하나요?" 하고 질문하면 갖가지 대답이 돌아온다. 이것은 일본어에 '브랜드'라는 말이 아직 없는 새로운 개념이기 때문이다.

메이지 시대(1867~1912)에 표준 일본어를 만들던 나쓰메 소세키(메이지 시대의 소설가이자 영문학자, 비평가) 등의 문예가들이 만약 현대에 있었다면 '브랜드'를 어떤 말로 표현했을까, 하는 상상을 할 때가 있다.

'브랜드'라는 말처럼 지금까지의 개념에 없는 외래어를 한마디로 정의해 보는 것은 매우 좋은 훈련이 된다. 훈련 방법은 항상 표현을 염두에 두면서 필요에 따라 꺼내어 생각해 보는 것이다. 그렇게 몸으로 깨달으면 피와 살이 되는 것과 마찬가지로 자기 말의 기초 체력을 다질 수 있게 된다.

어느 날 나는 '브랜드란 조직원들의 피가 서로 통하는 것이다'라고 몸소 깨닫게 되었다. 구체적인 내용 설명은 생략하지만, '창업자의 생각을 일하는 사람 모두가 함께 공유하는 것'이라고 깨닫는 순간이었다. 이는 내 나름대로 '브랜드'를 한마디로 표현한 것이지만, 앞으로 또 다른 표현이 생각날지도 모른다. 여러분도 여러분만의 한마디로 표현하길 바란다.

31

사람은 언제나
나답게 되길 원한다

나를 정의하면 자기긍정감이 올라간다

자신에 대해 한마디로 표현할 수 있으면 자기긍정감이 생기고 자존감이 높아진다. 결과적으로 말하면 이것은 탁월한 한마디를 찾아낸 것에 따른 기쁨의 부산물이다. 기업도 개인도 자신들은 이렇다고 한마디로 정의할 수 있게 되면, 진심으로 속 시원하고 기분이 좋아질 것이다.

아직도 나는 워크숍이나 강연회를 꾸준히 이어오고 있는데, '한마디 만들기를 통해 자기긍정감이 생기고 스스로가 자랑스러워진다'라는 깨달음은 점점 확신으로 변하는 중이다. 내가 하는 일은 '똑같지 않아서 좋은 점'을 발견하여 칭찬하는 것이라고 설명했는데, 이 사고 방식은 기업이나 상품뿐만 아니라 사람에게도 해당한다.

자신이 하는 일이나 좋아하는 것, 자신다운 것에 '왜?'라는 질문을 반복하며 정리해 가면 자신밖에 없는 것, 즉 '다른 사람과 다른 것'이 보이기 시작하기 때문이다.

'조화로운 것을 귀하게 여기며 모두 동일하다는 것 역시 중요하다'라는 일본인이 오래도록 믿어온 생각에 '다른 점이 있다는 것이야말로 조화롭기 때문에 귀하다'라는 생각이 더해진 것 같다. 시대의 뒷받침도 있어 지금까지 없었던 가치관을 추가하는 시기가 온 것이다.

'다르다'라는 말은 있는 그대로를 뜻한다. 다른 사람에게 맞춰야 한다는 불편함이 없고, 다르다는 것은 누구라도 가슴을 활짝 펴고 앞으로 나아갈 이유가 될 수 있다. 얼굴도 생각도 나이도 태어난 장소도 걸어온 경험도 모든 것이 다르고, 형제라도 유전자가 다르다. 그래서 말이라고 하는 편리한 도구를 사용하여 이야기를 나누고 공통점을 확인하게 되거나 상대방을 깊이 알아 가는 것이 재미있다.

자신이 남들과 다른 점을 숨기려 하지 말고 적극적으로 보여주자. 그리고 상대방을 배려하여 서로 존중하면 된다.

나도 나 자신을 표현하는 한마디가 몇 가지 있다. "입이 두 개 있는 수다쟁이입니다"라는 표현은 이름에 한자 입 구口가 두 개 있는 특징을 드러내어 사카모토 와카坂本和加라는 이름을 기억하기 쉽게 만든 자기소개용 한마디다. "몸에 '피스'를 썼어요"라는 수식어는 내가 하는 일 덕분에 얻게 된 한마디다. "천재와 착한 아이의 엄마입니다"는 엄마로서의 자기소개용 한마디다.

앞으로도 스스로를 표현하는 한마디는 늘어날 것이다. 그리고 그 한마디는 사람과의 인연을 잇고 인생을 보다 풍부하게 만들 것이다.

아무것도 아닌 내가 '나다운 나'가 되다

'저 직업을 가진 사람처럼 되고 싶다'라고 생각하며 지금 자신에게 만족하지 못하고 다른 사람처럼 되기 위해 열심히 노력하는 경우가 많다. 예상했겠지만 나 역시 옛날에는 그러했다. 매일 나름대로 온 힘을 다해 노력하다 깨달은 것은 동경심이 열심히 노력하게 만드는 연료가 된다는 점이다. 하지만 아무리 동경해도 그 사람이 될 수 없으며 결국 다른 사람이 아닌 자기자신이 된다면 그것이야말로 가장 좋은 것이 아닐까 하고 생각했다. 아무것도 아니었던 자신이 그 누구도 아닌 내가 되는 것이다.

시대는 '구체적이고 현실적인 사물에서 추상적인 것으로' 변하고 있다. 즐거웠던 것, 기뻤던 것 등 어떠한 것으로 그것이 충족될까. 온

라인화되면서 물건을 점점 지니지 않는 시대가 되고, 물건이 일상에 개입하지 않게 되면서 사람들이 흥미를 갖는 대상이 마음으로 느끼는 것을 향한다는 사실은 이제 누구라도 알 수 있다.

마음은 '느끼는 것'이다. 실체가 있고 손에 쥐고 볼 수 있는 만족감이 있는 것이 '사물의 시대'라면 '추상적인 것'의 시대는 이와 대조를 이룬다. 마음에 활기가 넘치는 것을 모두가 바란다.

짧은 말로 연결하더라도 괜찮다. 그 한마디가 보내는 정보에는 길게 쓴 글 이상의 가치가 있다. 심지어 글을 쓴 당사자도 모르는 것이 있다.

끊임없이 다른 사람에게 보여주며 의견을 수집하고 업데이트하자. 써보면 알 수 있는 것과 마찬가지로 보여주면 알 수 있는 것도 있다. 조금씩 고치기도 하며 마음에 드는 순간이 올 때까지 생각을 멈추지 마라. 다 쓰고 나면 반드시 소리 내어 말하자. 글자는 소리다. 소리 내어 말에 영혼을 담아야 한다. 그렇게 하면 멀리 봤을 때 당신의 자산이 되는 한마디를 분명 만날 수 있을 것이다.

자신을 소개하는 문장을 만들고 소리 내어 읽어보자.

카피의 격을 높이기 위한 to-do list - 4부

[퍼스널 브랜딩을 위한 유혹하는 글쓰기]

❶ 내가 좋아했던 것을 나의 강점으로 삼는다.

❷ 나의 강점을 긍정적인 표현으로 쓴다.

❸ 문제는 반드시 깊게 파고들어야 한다.

❹ 나뿐만 아니라 모두를 위한 것, 나아가 미래를 위한 것을 상상한다.

❺ 나다운 나를 표현한다.

'나다운 한마디'를 만나자

만약 전하고 싶은 것을 누구라도 납득할 수 있는 한마디로 만들게 된다면, 올라가고 싶어도 좀처럼 올라가지 못했던 계단을 한 계단 올라가게 된 것이다. 거기서 내려다보는 것은 매우 보기 좋은 경치다. 그동안 계속해서 바라보았지만 보이지 않았던 것이 보이기 시작할 것이다. 즉 시야가 넓어졌다는 뜻이다.

　말을 좋아한다는 것, 나는 오직 그 이유만으로 뚜벅뚜벅 이 길을 걸어온 것 같다. 하지만 더 깊게 파고들면 '일본어를 좋아해서'라는 한마디로 귀결된다는 것을 나이를 먹으며 점점 강하게 깨닫는다. 물론 내가 일본인이기 때문이라는 이유도 있을 것이다. 일본어에는 많은 '답'이 처음부터 쓰여 있다. 그렇게도 생각하면서 일본어를 마음으로 맛볼 수 있게 되었다.

내가 좋아하는 글자는 어째서 '여자아이'일까. 그리워하는 것戀은 마음이 아래에 있고, 사랑愛은 마음이 중간에 오는 것은 왜일까. '연애戀愛'라는 말은 자주 쓰지만 '애련愛戀'이라고는 별로 표현하지 않는 것은 애愛에서 연戀으로 변하는 경우가 별로 없기 때문이려나? 같은 생각이 꼬리를 무는 것이다.

원래부터 그림을 그리듯 만들어진 상형문자인 한자를 그림을 보듯이 즐긴다. 의미를 전달하는 한자를 늘어놓는 순서, 히라가나라는 글자의 부드러움, 아름다운 소리의 연속을 세세히 느끼면서 일본어라는 말에서 나는 지금도 많은 것을 배우고 있다.

일본어는 정말로 섬세하다. 자신을 표현하는 말에도 わたし (와타시, 나), わたくし (와타쿠시, 저), ぼく (보쿠, 남자의 자칭어), おれ (오레, 동료 또는 아랫사람에게 쓰는 남성의 자칭어), 自分 (지분, 나), わし (와시, 나), あたし (아타시, 여성의 자칭어) 등이 있으며, 사투리까지 포함하면 단어는 더욱 늘어날 것이다.

영어는 'I' 하나인데, 일본어는 왜 이렇게나 다양한 일인칭 표현이 있는 것일까? 나는 자신을 전달하는 많은 표현이 일본인에게 필요해서라고 대답할 것이다. 각각 '어울리는 말'이 다르기 때문이다. 지금도 이렇게나 많은 표현이 남아 있는 것이 그 증거다.

만약 필요 없는 말이라면 자연스럽게 쓰지 않게 될 테니 말이다. 동시에 그 정도로 일본인은 '세세하게 전달하길 원하는 민족'이라고 생각한다. 미묘한 감정까지 세세하게 전달할 수 있는 말의 선택권을 많이 가진 언어라고도 할 수 있다.

표현할 말이 많아서 '한마디'로 고민하고, '표현'에 고민한다. 그것이 현대의 고뇌하는 우리 모습일지도 모른다.

짧은 한마디를 원한다면 하고 싶은 말은 '한 가지'로 족하다. 문제를 깊게 바라보면 중요한 한 가지는 반드시 떠오르기 마련이다. 그 중요한 한 가지, 본질이 보인다면 한마디는 이미 완성된 것이나 마찬가지다. 전하고자 하는 마음을 열심히 바라보고, 애써 좋은 표현을 만들려고 할 필요가 없다.

초등학교에 강의를 나가면 아이들은 정말 자유로운 한마디(캐치 카피)를 만든다. 모두를 웃게 만들려고 하는 아이, 스스로 납득할 만한 표현을 고집하는 아이, 진지한 표현을 쓰는 아이 등. 공통점은 모두 즐거워 보인다는 것이다. 글을 쓴 후에도 매우 만족스러운 얼굴이다. 아이들은 "이것 봐! 이것 봐!" 하며 언제나 전달하고 싶은 마음으로 넘쳐난다.

아이는 '말의 새로운 조합', 즉 표현을 찾기 위해 노력하지 않는다.

자신이 알고 있는 어휘만으로 '잘 어울리고 자신이 납득할 수 있는 말'을 찾느라 바쁠 뿐이다. 그래서 발표할 때도 언제나 당당하며 '아이 그대로의 모습'이다. 이런 모습은 어른들도 꼭 지키려고 노력했으면 좋겠다.

나는 직업 때문에 말이 되는 말을 만들 수 있게 될 때까지 꽤 많은 시간을 썼다. 하지만 대상에 푹 빠져 자신이 아닌 다른 누군가를 위해 써온 말은 무엇이든 다 "사카모토 씨답네요"라는 평가를 받고 있다. 나도 한마디로 만드는 과정에서 봤을 때는 아이들과 많이 닮아 있을지도 모른다.

서투른 탓에 멀리 있는 길을 돌아온 만큼 일을 통해 많은 분과 인연을 맺었다. 13년 동안 별다른 성과를 올리지 못하던 나를 포기하지 않고 이끌어 주신 이치쿠라 선배님, 격려문을 띄우며 카피라이터로 한층 업그레이드 시켜주신 주식회사 드래프트의 미야타 사토루 대표님, 그 외에도 영향을 주신 분이나 좋은 자극을 주신 분 등 셀 수 없이 많다. 함께 일할 기회를 주신 고객 여러분, 크리에이티브 제작을 위해 함께한 팀원 한 명 한 명, 네이밍이나 슬로건 제작을 위해 일생에 단 한 번뿐인 인연을 맺은 고객도 많이 있다.

이 책에는 그렇게 많은 사람과의 인연 속에서 깨달은 것이나 발견한 배움이 한가득 담겨 있다. 나 혼자서 이 책을 썼다기보다는 많은 분의 도움 덕분에 쓸 수 있었다.

글쓰기는 매우 지루하고 옛날이나 지금이나 하는 일은 별반 차이 없지만, 이렇게 끊임없이 쓸 수 있는 이유는 내 안에 있다가 여행길에 나선 많은 말을 계속해서 써주거나 바라봐 주는 분이 계시기 때문이다.

마지막으로 하야시 에리 편집자님도 나를 알아봐 주신 한 분이다. '한마디로 말할 수 있는 사람이 되고 싶다!'라는 열의를 갖고 끝까지 함께해 준 하야시 에리 편집자님께 깊은 감사의 말을 전한다.

2023년 1월
사카모토 와카

탁월한 한마디를 위한
데일리 연습 노트

+ 마음 일기

Day1

**고민하지 않고 직관적으로 떠오르는 것을
바로 정하는 연습을 해보자.**

예1 내일의 점심 메뉴

예2 내일의 코디

Day2

주변에 있는 사물의
'공통점'을 찾아보자.

예 사과와 귤:

❶ 과일이다.

❷ 나무의 열매다.

❸ 씨앗이 있다.

⋮

[자신에게 어울리는 캐치 카피 만드는 법]을
참고하여 스스로의 캐치 카피를 써보자.

Day4

가지고 있는 사진을 보며
긍정적인 한마디를 붙여보자.

예 '가자, 동북으로' 캠페인의 포스터 카피

메일로는 만날 수 없어.
레일에서 만나자.
가자, 동북으로

출처: www.pressnet.or.jp/adarc/ex/
ex.html?a1009

자신이 가지고 있는
사진을 삽입하세요

<u>Day5</u>

**지금은 논의되고 있지 않지만 세계를 행복하게
만들 수 있는 나만의 방법을 상상해 보자.**

예1 모두가 쓰레기라고 여기는 것을 돈으로 바꾸는 방법

예2 걷기만 해도 전기가 만들어지는 방법

Day 6

나 혹은 내가 하는 일이 남과 똑같지 않아서
오히려 좋은 것들을 생활 속에서 찾아 정리해 보자.

Day7

현재 우리 사회가 겪고 있는 문제를 고르고
자신의 상황에 대입하여 개선 방법을 찾아보자.

예1 아동 학대

....

....

....

....

....

....

예2 노인이 노인을 간병하는 노노(老老) 간병 문제

....

....

....

....

....

....

Day 8

소개하려는 대상을 정하고
본인이 지금까지 그것을 소비한 혹은
소비하지 않은 이유를 적어보자.

탁월한 한마디를 위한 데일리 연습 노트

Day 9

클라이언트를 포함하여
회의 중에 나온 상대의 의견을 요약하고
그에 대한 긍정적인 대답을 적어보자.

Day 10

어떻게 살아갈지 정하고
한마디로 표현해 보자.

예
- 욕설하지 않는 내가 되자.
- 사람들에게 따뜻한 사람이 되자.

Day11

자신이 좋아하는 것을
세밀하게 나누어 깊이 생각해 보자.

예 케이크를 좋아함 → 먹는 것을 좋아함

→ 케이크 디자인 보는 것을 좋아함

⋮

Day 12

함께 일하고 있는 사람이 무엇을
가장 중요하게 생각하는지 예측해 보자.

Day13

**다른 사람의 말이나 행동의 배경을
예측해서 적어보자.**

예 왜 그 사람은 메일을 보냈을까?

→ 나를 신경 쓰고 있는가?

→ 내 목소리를 듣고 싶어 하는가?

→ 전화 통화하길 원하는가?

⋮

Day 14

**자신의 일 혹은 스스로에 대한
산포요시三方よし와 미라이요시未来よし를 써보자.**

탁월한 한마디를 위한 데일리 연습 노트

사람들에게 전달하고 싶은
'자신의 좋은 점' 중에서 단 한 가지를 적어보자.

Day16

**오늘 어떤 감정을 느꼈는지,
마음 일기를 써보자.**

탁월한 한마디를 위한 데일리 연습 노트

하고 싶은 말을
한마디로 정확히 전달해 보자.

예 재미있게 본 영화에 대한 감상문 쓰기

- 정말 좋은 영화였다.
- 주인공이 역경을 헤쳐 나가는 모습이 재미있었다.

Day18

**아래의 예를 참고하여 당신이 가장 하고 싶은 말을
즐겁게 전달해 보자.**

예 혼자 생각하기보다는 팀으로서 좋은 것을 추구하고 싶다.

전달: 팀워크를 중요하게 여깁니다.

↓

자기 필터로 거르기: 모두와 마음을 맞대는 것이 좋다.

↓

즐겁게 전달하기: 모두와 으쌰으쌰 하는 걸 좋아하는 사람입니다.

Day19

주변에 있는 사물을 의인화하여
상상력을 키우는 문장을 써보자.

예 • 노트 씨는 ○○○하네요.

• 지우개야, ○○○하구나.

Day 20

긍정적인 의미를 담은
표현으로 바꾸자.

예
- 폭주족 →
- 고독사 →
- 노안 →

Day21

소개해야 할 대상을
의인화해서 써보자.

예1 인형이 아파한다.

예2 장난감이 울고 있다.

Day22

생각해 낸 한마디가 다른 사람에게
납득 가능성 있는 말, 좋아하는 말인지 확인하고
그 이유를 정리해 보자.

Day23

자신을 표현한 문장을 한마디로 정리한 뒤
사람들에게 보여주고 그 의견을 모으자.
수정한 표현도 함께 적어두자.

Day24

**최근 새롭게 알게 된 단어나 표현들을
정리해서 적어보자.**

탁월한 한마디를 위한 데일리 연습 노트

Day 25

**완성된 한마디 문구를 몇 번이고 소리 내어 읽고,
더 매력적인 소리로 바꿔보자.**

Day 26

어렸을 때 좋아했던 것들을 떠올려 보자.

Day 27

오늘 있었던 일 중에서 한 가지 기억나는 것을
긍정적인 한마디로 표현하고
주변 사람의 반응을 기록해 보자.

자신이 할 수 있는 일 중 세상 사람들을
행복하게 만들 수 있는 일을 생각해 보자.

예 • 플라스틱 쓰레기를 줄이기 위하여 에코백 사용하기

• 곤란에 처한 사람 돕기

Day29

**자신이 좋아하는 기업이나 상품이 있다면
그 이유를 생각해 보자.**

<u>Day30</u>

당신이 좋아하는 것을 기록해 보자.

예 가족과 함께 웃으며 지내는 것

고객이 행복해하는 것

⋮

Day31

자신을 소개하는 문장을 만들고
소리 내어 읽어보자.